RÉSEAU

Collection dirigée par Étienne Calais

Le comique

Aline Geyssant
Docteur ès lettres
Agrégée de lettres modernes

Nicole Guteville
Agrégée de lettres modernes

Asifa Razack
Agrégée de lettres modernes

ISBN 2-7298-0216-9

© Ellipses Édition Marketing S.A., 2000
32, rue Bargue 75740 Paris cedex 15

Le Code de la propriété intellectuelle n'autorisant, aux termes de l'article L.122-5.2° et 3°a), d'une part, que les « copies ou reproductions strictement réservées à l'usage privé du copiste et non destinées à une utilisation collective », et d'autre part, que les analyses et les courtes citations dans un but d'exemple et d'illustration, « toute représentation ou reproduction intégrale ou partielle faite sans le consentement de l'auteur ou de ses ayants droit ou ayants cause est illicite » (Art. L.122-4).
Cette représentation ou reproduction, par quelque procédé que ce soit constituerait une contrefaçon sanctionnée par les articles L. 335-2 et suivants du Code de la propriété intellectuelle.

Introduction

On peut rire de tout, de la vie, de la mort, de sa propre misère ou de celle des autres. Aucun sujet humain n'échappe au comique, et les écrivains le savent. Mais tout dépend avec qui on rit et dans quelles circonstances, dans quel contexte socioculturel on se trouve. Très souvent, le rire est conditionné par une absence de pitié. On se met à rire si l'on voit chuter un professeur dans la cour de récréation parce qu'il a glissé sur une peau de banane : le rire est alors provoqué par une certaine indifférence à la souffrance de l'individu en question. Il suppose une « anesthésie du cœur[1] », une distance qui n'existe pas dans toute situation de compassion.

Le comique est ainsi une façon de voir le monde à distance. Ses manifestations physiologiques, le rire et le sourire, naissent de la perception d'un décalage ou d'un dédoublement de la conscience : c'est un moment de folie ordinaire où l'on est à la fois dans soi et hors de soi, où l'on prend du recul par rapport à l'urgence vitale. Le rire est dès lors ressenti comme un bienfait qui apaise les tensions, qui libère du tragique de notre condition. De fait, s'il peut être la manifestation d'une joie franche, il peut aussi être proche des larmes. Le comique et le tragique sont les deux faces d'une même pièce, et ces deux visions du monde tissent des rapports intimes et complexes, qui se jouent des frontières. Le clown triste avec sa farce* tragique n'est-il pas le double inséparable du clown enjoué ?

---

1. Bergson, *Le Rire*, « Quadrige », PUF, 2000.

Tous les procédés stylistiques, toutes les figures de rhétorique* peuvent être utilisés au service du comique comme du tragique, cette autre vision du monde qui ne comporte pas la liberté possible de rompre avec la fatalité ou le déterminisme. Le comique nous permet de prendre conscience de notre fragilité en la mettant à distance, de nous désengager du tragique de l'existence. Tout se passe comme si nous n'étions plus directement concernés : le rieur devient spectateur, le monde un théâtre, notre personne un personnage.

Dès lors caractériser le registre comique est particulièrement délicat. La classification traditionnelle propose quatre types de comique :

- **le comique de mots** exploite toutes les ressources du langage : jeux de mots, calembours*, répétitions... ;
- **le comique de gestes** joue sur les mouvements qui prêtent à rire : série de coups de bâtons, chute malencontreuse, mimiques (lazzi*)... ;
- **le comique de situation** tient aux quiproquos, aux déguisements, aux situations embarrassantes pour les personnages : Géronte se retrouve dans un sac comme une vulgaire marchandise, Vladimir ne peut enlever sa chaussure... ;
- **le comique de caractère** s'en prend aux travers et aux ridicules des individus ou des types* : l'avare, l'étourdi, la coquette...

Certes cette classification a le mérite de proposer une première approche. Mais elle ne rend pas compte de la complexité de ce registre, qui varie à l'infini selon les cultures, les époques, les classes sociales. Il n'existe pas de spécificité de l'écriture comique. Il semble donc qu'il faille s'attacher à autre chose qu'à des procédés formels pour définir le comique. La notion d'écart semble la plus pertinente, car elle est essentielle à la compréhension du comique ; elle permet d'appréhender son fonctionnement.

Notre projet est d'analyser le comique comme décalage, écart perçu comme tel par un récepteur complice. Cette connivence entre émetteur et destinataire suppose que nous soyons dans un état de reconnaissance de références et de codes propres à chaque époque, à chaque catégorie socioculturelle, face auxquels il y a différenciation. L'étude de l'histoire littéraire prend alors tout son sens.

Plan de l'étude

- Nous envisageons d'abord l'écart par rapport à une norme sociale qui se trouve sanctionné par le rire. C'est l'occasion d'étudier certains ressorts de la comédie*, de la satire* et de la caricature*.
- Nous observons ensuite un second niveau d'écart, par rapport à un style, à un genre. Il s'agit d'aborder l'écriture parodique et ses variantes comme le pastiche*, le burlesque* ou l'héroï-comique*.
- Puis il convient de s'attacher plus spécifiquement à l'étude des écarts ironique et humoristique, qui supposent un décalage entre l'énoncé et ce qui est à entendre.
- Enfin, nous examinons les écarts par rapport aux normes du langage, tels que les jeux de mots, calembours, et autres paronomases*.

Les quatre niveaux d'écart se recoupent et se retrouvent à différents degrés dans tous les textes ; on s'en tiendra donc à des dominantes lors de l'analyse.

Textes de références

Avant de commencer l'étude, nous proposons quelques textes de références sur le phénomène comique, qui sont autant de pistes de réflexions.

Gargantua (1535)
Rabelais

AUX LECTEURS
1 Amis lecteurs qui ce livre lisez,
   Dépouillez vous de toute affection.
   Et le lisant ne vous scandalisez.
   Il ne contient mal ni infection.
5 Vrai est qu'ici peu de perfection
   Vous apprendrez, si non en cas de rire[1] ;
   Autre argument ne peut mon cœur élire,
   Voyant le deuil qui vous mine et consume.
   Mieux est de ris que de larmes écrire.
10 Pour ce que rire est le propre de l'homme.

L'Encyclopédie, « Article Rire » (1772)
Voltaire

Que le rire soit le signe de la joie, comme les pleurs sont le symptôme de la douleur, quiconque a ri n'en doute pas. Ceux qui cherchent des causes métaphysiques au rire ne sont pas gais. Ceux qui savent pourquoi cette espèce de joie qui excite le ris retire vers les oreilles le muscle zygomatique, l'un des treize muscles de la bouche, sont bien savants. Les animaux ont ce muscle comme nous ; mais ils ne rient point de joie comme ils ne répandent point de pleurs de tristesse. Le cerf peut laisser couler une humeur de ses yeux quand il est aux abois, le chien aussi quand on le dissèque vivant ; mais ils ne pleurent point leurs maîtresses, leurs amis, comme nous ; ils n'éclatent point de rire à la vue d'un objet comique : l'homme est le seul animal qui pleure et qui rie.

---

1. Sauf si on se met à rire.

Salon de 1846, *De l'essence du rire*
Baudelaire

Le rire est satanique, il est donc profondément humain. Il est dans l'homme la conséquence de l'idée de sa propre supériorité ; et, en effet, comme le rire est essentiellement humain, il est essentiellement contradictoire, c'est-à-dire qu'il est à la fois signe d'une grandeur infinie et d'une misère infinie, misère infinie relativement à l'Être absolu dont il possède la conception, grandeur infinie relativement aux animaux. C'est du choc perpétuel de ces deux infinis que se dégage le rire. Le comique, la puissance du rire est dans le rieur et nullement dans l'objet du rire. Ce n'est point l'homme qui tombe qui rit de sa propre chute, à moins qu'il ne soit un philosophe, un homme qui ait acquis, par habitude, la force de se dédoubler rapidement et d'assister comme spectateur désintéressé aux phénomènes de son moi. Mais le cas est rare.

 ## *Le Rire* (1961)
Bergson

Il n'y a pas de comique en dehors de ce qui est proprement humain. Un paysage pourra être beau, gracieux, sublime, insignifiant ou laid ; il ne sera jamais risible. On rira d'un animal, mais parce qu'on aura surpris chez lui une attitude d'homme ou une expression humaine. [...]
Détachez-vous maintenant, assistez à la vie en spectateur indifférent : bien des drames tourneront à la comédie. Il suffit que nous bouchions nos oreilles au son de la musique, dans un salon où l'on danse, pour que les danseurs nous paraissent aussitôt ridicules. [...] Le comique exige donc enfin, pour produire tout son effet, quelque chose comme une anesthésie momentanée du cœur. Il s'adresse à l'intelligence pure.

I. L'écart par rapport à une norme sociale

La société impose des codes et des conventions qui règlent nos comportements, elle définit ainsi la normalité comme conformité à la règle. Le normal est révélé par les infractions à la norme, que la société punit dans son effort de construction du « normal et du pathologique[1] ». **Le comique s'appréhende justement comme un moyen de sanctionner par le rire une conduite qui s'écarte de la norme sociale.** Il repose sur une normalité, qui lui sert d'étalon, de référence pour observer et juger les mœurs. Le comique condamne ce qui n'est pas régulier. Or qu'est-ce que la normalité ? Ce n'est pas une donnée fixe, et elle oscille entre deux pôles : elle prend tantôt la figure de la *doxa**, l'opinion publique (le normal est alors ce que pense la majorité) ; tantôt elle prend la figure de l'idéal, c'est-à-dire ce qui doit être dans l'absolu.

Le comique est ainsi **un art de la distanciation**, qui met en jeu une dialectique* entre l'observation du réel et la règle : le réel est observé dans son immédiateté, puis il est l'objet d'une réflexion qui le met à distance et permet de le juger. Ce sont les différentes formes que prend cette dialectique qui vont définir les genres de la comédie et de la satire. Dans le projet satirique, il s'agit de montrer comment la société n'est pas conforme à ce qu'elle doit être dans l'idéal : l'écrivain satirique peut donc être porté à remettre en cause le fonctionnement social. Dans la comédie au

---

1. Claude Canguilhem, *Le Normal et le Pathologique*, « Quadrige », PUF, 1994, p. 232.

contraire, le rire vient mettre à l'index ce qui déstabilise la société, qui n'est jamais critiquée en elle-même.

Ces projets cependant ne sont pas toujours distincts, et ces genres peuvent s'enrichir mutuellement. Ils ont d'ailleurs recours à des procédés communs, telle la caricature.

Nous étudierons d'abord **la comédie**, comme **le lieu par excellence où l'on pose une normalité en corrigeant les excès.**

A. Le comique au théâtre : farce et comédie

1. Les origines de la comédie

> Les origines grecques de la comédie

La comédie athénienne a une origine religieuse et populaire. Elle est liée aux fêtes données en l'honneur de Dionysos[1]. Ce sont des processions joyeuses, des danses, des mascarades. Le cortège, le *cômos*, va ensuite se fixer sur une esplanade, et devenir spectacle théâtral.

Vers le milieu du Ve siècle av. J.-C., avec Aristophane, la comédie acquiert une certaine dignité. Cet auteur fait rire en abordant toutes sortes de sujets d'actualité. Dans *Les Archaniens*, il s'en prend aux origines burlesques de la guerre : « Elle a éclaté entre tous les Grecs à cause de trois catins. Et alors, courroux de Périclès. Notre Olympien lance éclairs et tonnerres, met la Grèce en marmelade... ». Dans *Les Guêpes*, il aborde la corruption des juges, qui détruit l'ordre politique et social de la cité athénienne. L'un d'eux, Chéricléôn, se vante ainsi : « Est-il au monde un être qui soit plus choyé, plus redouté, tout vieux qu'il est ? D'abord dès le lever, on me guette aux abords du prétoire : de hauts personnages ! et puis aussitôt que je m'approche, une main blanche

---

1. Dionysos : divinité de l'ivresse, de la végétation et de la génération dont le culte comporte des Mystères.

et délicate (et qui a raflé l'argent public), se glisse dans la mienne. »

L'adhésion du public, qui se faisait à l'origine autour de croyances religieuses, se déplace sur des sujets critiques ancrés dans l'actualité. C'est le cas des *Nuées*, pièce dans laquelle Aristophane s'en prend aux « intellectuels », ces sophistes qui font de leur savoir un gagne-pain. Il use de procédés populaires, voire vulgaires, qui consistent à exhiber ce qui est caché, sans avoir jamais le souci de l'illusion du vrai (c'est ainsi qu'il utilise des machines rudimentaires, comme le panier suspendu en l'air où Socrate médite, qui font partie du spectacle comique).

 Les Nuées (IVe siècle av. J.-C.)
Aristophane

Tourneboule est ruiné, et veut apprendre chez Socrate l'art de triompher des procès que ses créanciers ne vont pas manquer de lui faire. Un disciple accepte de l'éclairer.

LE DISCIPLE. — *Soit, je parlerai. Mais rappelle-toi bien que ce sont des mystères ! Socrate demandait à l'instant à Chéréphon combien de fois une puce sautait la longueur de ses pattes. C'est qu'il y en avait une qui, après avoir mordu le sourcil de Chéréphon, avait bondi sur le crâne de Socrate.*
TOURNEBOULE. — *Et comment a-t-il mesuré ?*
LE DISCIPLE. — *Fort ingénieusement. Il a fait fondre de la cire, puis saisissant la puce, il lui a trempé dedans les deux pattes sauteuses : après refroidissement, l'insecte était gainé de bottines ; il l'a déchaussé : il avait son étalon pour mesurer la distance.*
TOURNEBOULE. — *Ah ! grand dieu du ciel ! quelle subtilité d'esprit*[1] *!*

▸ En quoi les problèmes abordés sont-ils décalés par rapport aux prétentions d'une activité intellectuelle de haute tenue ?

---

1. Traduction de Victor Henry Debidour, Garnier Flammarion.

Au IVe siècle av. J.-C., le public de la comédie change : ce sont alors non plus des paysans mais des bourgeois pour lesquels les auteurs de la nouvelle comédie, dont Ménandre, écrivent sur des thèmes plus psychologiques concernant la vie privée. Le théâtre comique fait appel à des situations stéréotypées qui vont influencer les auteurs latins comme Plaute ou Térence. L'intrigue traditionnelle est une histoire de malentendus nés de la fourberie ou de l'erreur ; elle est construite autour d'un conflit, par exemple entre un homme infidèle et une femme acariâtre ou encore entre un jeune homme et son père.

➤ La farce

Forme primitive et grossière de la comédie, elle devient un genre à part entière au Moyen Âge. Elle est ce corps étranger à la nourriture spirituelle des mystères médiévaux, qui n'est pas forcément de bon goût, car elle a partie liée avec le corps, la réalité sociale et le quotidien trivial ; elle est associée au grotesque et au bouffon. C'est un **instrument efficace de subversion contre les pouvoirs et les tabous**, et elle permet de prendre sa revanche sur les contraintes de la société : elle est donc libératrice, comme le rire qui l'accompagne.

Un exemple de farce médiévale : *La Farce de Maître Pathelin*.

 Farce de Maître Pathelin (XVe siècle)

> Cette farce du XVe siècle dévoile les rouages d'une société où la tromperie est la règle, où tous ceux qui en sont les bénéficiaires deviennent ensuite les victimes de ce système. La Farce dénonce donc un contexte où tout trompeur est trompé, où les valeurs de justice sont bafouées. Cette farce présente deux intrigues entrelacées. Maître Pathelin, avocat, a refusé de payer, sous prétexte de maladie, sa marchandise au drapier Guillaume. Ce même drapier accuse ici le berger Thibault Agnelet de lui avoir tué des moutons. L'accusé est défendu par Maître Pathelin, qui lui a conseillé de répondre « Bée » à toutes les questions du juge.

LE BERGER. — Bée !
LE JUGE. — Quel casse-tête ! Qu'est-ce que ce « bée » ? Suis-je une chèvre ? Parle-moi !
LE BERGER. — Bée !
LE JUGE. — Que Dieu te donne une fièvre mortelle ! Te moques-tu ?
PATHELIN. — Soyez persuadé qu'il est fou ou stupide, ou qu'il croit être au milieu de ses bêtes.
LE DRAPIER, à Pathelin. — Mais ! Que Dieu soit renié si vous n'êtes pas celui-là même qui m'avez pris mon drap ! (au juge). Ah ! vous ne savez pas, Monseigneur, par quelle malice...
LE JUGE, l'interrompant. — Eh ! Taisez-vous ! Êtes-vous borné ? Laissez de côté ce détail et venons-en à l'essentiel.
LE DRAPIER. — C'est vrai, Monseigneur, mais l'affaire me touche personnellement, cependant, par ma foi, ma bouche n'en dira plus un mot. Une autre fois, il en ira comme il pourra en aller. Je dois tout avaler sans mâcher... Donc, j'expliquais comment j'avais donné six aunes... Je veux dire : mes brebis... (le juge se fâche). Je vous en prie, seigneur, pardonnez-moi... Ce gentil maître... mon berger, alors qu'il devait être aux champs... Il m'a dit que j'aurais six écus d'or quand je viendrais... Je veux dire... il y a trois ans de cela, mon berger convint avec moi qu'il garderait loyalement mes brebis et qu'il ne m'y ferait ni dommage ni vilenie... et puis... maintenant il me dit qu'il n'est ni question de drap ni d'argent ! (à Pathelin). Ah ! maître Pierre, vraiment... (le juge manifeste son impatience). Cette crapule que voici me volait les laines de mes bêtes et, elles qui étaient en pleine santé, il les faisait mourir et périr en les assommant et en les frappant avec de gros bâtons sur la cervelle... Quand mon drap fut sous son aisselle, il se mit en chemin à toute vitesse et me dit d'aller chez lui chercher six écus d'or...
LE JUGE. — Il n'y a ni rime ni raison dans tout ce que vous rabâchez. Qu'est-ce que ceci ? Vous entrelardez une chose avec une autre. Somme toute, par le sang de Dieu ! Je n'y vois goutte. (à Pathelin). Il brouille tout avec son drap et babille ensuite au sujet de ses brebis, à tort et à travers. Ce qu'il dit ne se tient pas.

PATHELIN. — *Je parie qu'il retient son salaire au pauvre berger.*
LE DRAPIER. — *Par Dieu ! Vous pourriez bien vous taire à ce propos ! Mon drap, aussi vrai que la messe... Je sais mieux où le bât me blesse que vous ou un autre ne le savez ! Par la tête de Dieu, vous l'avez !*

▶ Sur quelle confusion repose le discours de Guillaume ?
▶ Dans le fonctionnement normal du procès, quel rôle doit jouer le drapier ? Comment aurait-il dû se comporter ?

Guillaume est ridiculisé car il ne rentre pas dans son rôle social. Ce sont donc bien ici les écarts par rapport à une norme assurant le bon fonctionnement de la communauté qui sont tournés en dérision.

On retrouve des éléments farcesques chez Molière dans la comédie d'intrigue, chez des auteurs de vaudeville comme Feydeau ou Courteline, et dans le théâtre contemporain de Ionesco ou de Beckett.

➤ La commedia dell'arte

C'est une forme théâtrale caractérisée par **l'improvisation**, qui permet de mettre en valeur le métier des comédiens. Apparue au XVIe siècle, c'est un théâtre populaire où chaque acteur fait son numéro **à partir d'un canevas sommaire**. Il exécute des « lazzi » (plaisanteries, jeux de scènes bouffons) qui servent à caractériser son personnage. Les personnages sont réduits à une douzaine de types : couples d'amoureux, vieillards comiques, valets. On retrouve des constantes dans les sujets d'intrigues, tels que des amours contrariées par des vieillards libidineux, des travestissements et des scènes de reconnaissance. La commedia influence profondément le théâtre classique, celui de Molière et de Marivaux.

2. La comédie classique et ses rapports avec le comique

➤ Le genre de la comédie

La comédie au XVIIe siècle ne se définit pas de prime abord par la référence au comique. Le terme latin *comœdia* signifie simplement « pièce de théâtre ». Le terme, entré en usage au milieu du XVIe siècle, désigne ainsi toute pièce de théâtre, mais aussi plus précisément, une pièce de théâtre divertissante représentant des personnages de moyenne et basse condition. C'est avec **la notion de divertissement** qu'intervient donc la dimension du comique dans la comédie, cette pièce de ton moyen, qui doit se distinguer de la farce comme de la tragédie.

C'est en faisant la synthèse de multiples influences que ce qu'on appelle alors la comédie classique acquiert une forme définie au XVIIe siècle. C'est aussi le moment où les auteurs définissent la place et la fonction du comique en son sein, selon la théorie du « *castigat ridendo mores*[1] ». Cette **comédie de mœurs et de caractères** connaît ensuite un grand développement au cours du XVIIIe siècle, sous des formes variées qui renouvellent le genre tout en s'en inspirant. Ce mouvement se prolonge au XIXe siècle avec de nouvelles formes qui effacent les barrières entre les genres, et font se côtoyer les ressorts comiques propres à la comédie et les émotions du drame. Ainsi, si le XXe siècle emploie toujours beaucoup le terme de comédie, c'est pourtant dans un cadre où la comédie comme genre à part entière est peu représentée, mais où par ailleurs le comique de la comédie trouve sa place partout, aux côtés du tragique, du comique, du dramatique.

---

1. Traduction : C'est en riant que l'on châtie les mœurs (Tda).

➤ Le comique et la comédie

Les rapports du comique et de la comédie sont donc fort variés. Cependant, le rire de la comédie a souvent une fonction unique. S'il est explicitement au XVIIe siècle l'un des moyens du projet classique qui vise à « corriger les hommes », il s'inscrit souvent au cours des siècles dans un projet qui se donne pour objet de critiquer celui qui s'éloigne de la norme sociale.

En France, la comédie commence à se développer dans les années 1630, notamment avec Corneille. Elle se définit par opposition à la tragédie et à la farce : c'est une **pièce de ton moyen, ni élevé, ni bas**. L'intrigue repose sur une contrariété amoureuse dont le dénouement est nécessairement heureux. La comédie est plutôt ici une pièce qui prête à sourire, sujet idéal pour une conversation d'honnêtes gens[1]. Sous l'influence de Molière, elle accueille les éléments farcesques.

La fonction morale est la grande préoccupation de la comédie classique, particulièrement mise en avant par Molière : la comédie doit « peindre d'après nature » les mœurs et les caractères[2], de manière à « corriger les hommes en les divertissant[3] ».

Quelle est la place du comique dans ce projet ? Les moralistes du XVIIe siècle reconnaissent volontiers la vanité d'un tel dessein. Le discours de l'honnête homme*, le sage de l'époque classique, doit éviter tout dogmatisme*, s'adapter à un auditoire, déployer toute une stratégie de la *captatio*, de la séduction : il s'agit, par le biais du comique, d'éveiller l'intérêt du public sans sacrifier son plaisir.

---

1. Comme le dit Corneille. L'expression « honnête homme » se retrouve très souvent chez les écrivains du XVIIe siècle. Elle désigne un idéal de vie pour l'homme du monde et l'homme de cour. C'est un modèle de comportement social qui est ainsi désigné.
2. Comme il le précise dans *La Critique de L'École des Femmes*, « Univers des Lettres », Bordas, Paris, 1995.
3. Voir le *Placet au roi* pour la défense du *Tartuffe*, « Folio classique », Gallimard, Paris, 1999, p. 240.

C'est l'objectif que se propose Molière dans un discours théorique sur la comédie, le *Premier Placet au Roi*, pour la défense du *Tartuffe*. C'est un texte qui répond aux accusations des dévots concernant la pièce. Molière y défend son projet, qui est de corriger les mœurs en mettant en scène les ridicules.

Premier Placet au roi (1664)
Molière

Sire,
Le devoir de la comédie étant de corriger les hommes en les divertissant, j'ai cru que, dans l'emploi où je me trouve, je n'avais rien de mieux à faire que d'attaquer par des peintures ridicules les vices de mon siècle ; et comme l'hypocrisie sans doute en est un des plus en usage, des plus incommodes et des plus dangereux, j'avais eu, Sire, la pensée que je ne rendrais pas un petit service à tous les honnêtes gens de votre royaume, si je faisais une comédie qui décriât les hypocrites, et mît en vue comme il faut toutes les grimaces étudiées de ces gens de bien à outrance, toutes les friponneries couvertes de ces faux-monnayeurs en dévotion, qui veulent attraper les hommes avec un zèle contrefait et une charité sophistiquée.
Je l'ai faite, Sire, cette comédie, avec tout le soin, comme je crois, et toutes les circonspections que pouvait demander la délicatesse de la matière ; et pour mieux conserver l'estime et le respect qu'on doit aux vrais dévots, j'en ai distingué le plus que j'ai pu le caractère que j'avais à toucher. Je n'ai point laissé d'équivoque, j'ai ôté ce qui pouvait confondre le bien avec le mal, et ne me suis servi, dans cette peinture, que des couleurs expresses et des traits essentiels qui font reconnaître d'abord un véritable et franc hypocrite.

- **Relevez et classez les arguments de Molière qui lui permettent de défendre son projet.**
- **Quels moyens sont mis en œuvre pour susciter le rire et sanctionner ceux qui entravent le bon fonctionnement de la société ?**

L'écart par rapport à une norme sociale

➤ Que s'agit-il de sanctionner par ce rire moralisateur ?

• Il s'agit d'abord de **rejeter les attitudes extrêmes** : c'est un point commun à toutes les comédies classiques. La sagesse mondaine se définit toujours en réaction aux caractéristiques du personnage ridicule qui incarne une attitude extrême. Il s'agit moins en effet d'excuser ou d'ignorer les vices des hommes que de les présenter de façon détournée, la douceur étant le premier moyen de la *captatio*. En effet, l'**attitude extrême est contraire à la bienséance***1 : on peint donc le ridicule de tel ou tel personnage, et la mise en scène de ce travers est une manière d'éviter son apparition malséante dans la réalité sociale.

Corneille a surtout écrit des tragédies, mais il a aussi composé quelques comédies, dont *L'Illusion comique*. Cette pièce se situe au moment où le genre de la comédie est en crise, où les auteurs sont en quête de nouvelles formes. Corneille est un de ceux qui participent à la naissance de la comédie classique, écrite pour un public d'honnêtes gens qui condamnent les excès. La rencontre de Géronte et de sa fille Isabelle constitue un bon exemple de la condamnation des excès par le biais du ridicule qui affecte le personnage. Le texte s'inscrit dans la lignée des comédies qui prennent pour cible les autorités abusives.

L'Illusion comique (1636)
Corneille

> GÉRONTE. — *Apaisez vos soupirs et tarissez vos larmes ;*
> *Contre ma volonté ce sont de faibles armes :*
> *Mon cœur, quoique sensible à toutes vos douleurs,*
> *Écoute la raison, et néglige vos pleurs.*
> 5 *Je sais ce qu'il vous faut beaucoup mieux que vous-même.*
> *Vous dédaignez Adraste à cause que je l'aime ;*

---

1. Les bienséances sont une recherche du juste milieu, de l'ordre et de la clarté, opposées à l'extravagance et à la démesure.

Et parce qu'il me plaît d'en faire votre époux,
Votre orgueil n'y voit rien qui soit digne de vous.
Quoi ! manque-t-il de bien, de cœur ou de noblesse ?
10 En est-ce le visage ou l'esprit qui vous blesse ?
Il vous fait trop d'honneur.
ISABELLE. — Je sais qu'il est parfait,
Et que je réponds mal à l'honneur qu'il me fait ;
Mais si votre bonté me permet en ma cause,
15 Pour me justifier, de dire quelque chose,
Par un secret instinct, que je ne puis nommer,
J'en fais beaucoup d'état, et ne le puis aimer.
Souvent je ne sais quoi que le Ciel nous inspire
Soulève tout le cœur contre ce qu'on désire,
20 Et ne nous laisse pas en état d'obéir
Quand on choisit pour nous ce qu'il nous fait haïr.
Il attache ici-bas avec des sympathies
Les âmes que son ordre a là-haut assorties :
On n'en saurait unir sans ses avis secrets ;
25 Et cette chaîne manque où manquent ses décrets.
Aller contre les lois de cette providence,
C'est le prendre à partie, et blâmer sa prudence,
L'attaquer en rebelle, et s'exposer aux coups
Des plus âpres malheurs qui suivent son courroux.
30 GÉRONTE. — Insolente, est-ce ainsi que l'on se justifie ?
Quel maître vous apprend cette philosophie ?
Vous en savez beaucoup ; mais tout votre savoir
Ne m'empêchera pas d'user de mon pouvoir.

▶ En observant le champ lexical de l'autorité, définissez la position respective des protagonistes.
▶ Géronte donne-t-il de véritables raisons pour justifier son point de vue ? Comment se ridiculise-t-il ?

• Il s'agit ensuite de promouvoir la **nécessité de l'adaptation**, caractéristique fondamentale de l'honnête homme, qui se doit d'observer et de comprendre la nature humaine. Ce sera l'inadapté de la société qui sera sanctionné par le comique. Ce point, par ailleurs, est particulièrement important, puisqu'il implique aussi une esthétique* de la comédie : celle-ci est fondamentalement un **art d'agréer**, un **art de plaire fort habile**, qui se fonde sur le détournement, puisqu'on fait rire au moment même où l'on inflige une sanction.

C'est donc folie de vouloir opposer une vertu absolue à l'usage du monde. On est confronté à un apparent paradoxe* : Molière dit à la fois qu'on ne peut corriger les vices et qu'il veut corriger les hommes dans ses comédies. Cette apparente contradiction, Alceste l'incarne dans *Le Misanthrope*. Il est ridicule car il veut corriger les hommes malgré eux ; il est caractérisé par la « bile », la colère, l'opposée radicale du rire. En fait, ce qui est condamné, c'est une forme péremptoire de la correction. Or la comédie, c'est faire prendre conscience des vices au terme d'un cheminement. Et le rire est capital dans cette démarche.

Le Misanthrope (1666)
Molière

> Cet extrait du *Misanthrope* présente la démarche de celui qui ne fait pas rire. Le Misanthrope, comme son nom l'indique, déteste la compagnie des hommes. Il voudrait réformer la société tout entière, en vain. Face à lui, Philinte, représentant de l'honnête homme, de la mesure et des compromissions nécessaires, tient le discours du juste milieu. Si les contemporains de Molière ont pu apprécier cet écart à la norme sociale figuré par l'excessif Alceste, nous sommes aujourd'hui parfois peu sensibles au comique d'un homme qui paraît touchant dans ses exigences morales. C'est ce que laissent percevoir les mises en scène récentes, qui font d'Alceste un personnage plus ou moins comique. Ceci nous rappelle que l'effet comique est toujours dépendant d'un système de valeurs et de références.
>
> PHILINTE. — *Vous voulez un grand mal à la nature humaine !*
> ALCESTE. — *Oui, j'ai conçu pour elle une effroyable haine.*
> PHILINTE. — *Tous les pauvres mortels, sans nulle exception,*
> *Seront enveloppés dans cette aversion ?*
> 5 *Encore en est-il bien, dans le siècle où nous sommes...*

ALCESTE. — Non : elle est générale, et je hais tous les
[hommes :
Les uns, parce qu'ils sont méchants et malfaisants,
Et les autres, pour être aux méchants complaisants,
Et n'avoir pas pour eux ces haines vigoureuses
10 Que doit donner le vice aux âmes vertueuses.
De cette complaisance on voit l'injuste excès
Pour le franc scélérat avec qui j'ai procès :
Au travers de son masque on voit à plein le traître ;
Partout il est connu pour tout ce qu'il peut être ;
15 Et ses roulements d'yeux et son ton radouci
N'imposent qu'à des gens qui ne sont point d'ici.
On sait que ce pied-plat, digne qu'on le confonde,
Par de sales emplois s'est poussé dans le monde,
Et que par eux son sort de splendeur revêtu
20 Fait gronder le mérite et rougir la vertu.
Quelques titres honteux qu'en tous lieux on lui donne,
Son misérable honneur ne voit pour lui personne ;
Nommez-le fourbe, infâme, et scélérat maudit,
Tout le monde en convient, et nul n'y contredit.
25 Cependant sa grimace est partout bienvenue :
On l'accueille, on lui rit, partout il s'insinue ;
Et s'il est, par la brigue, un rang à disputer,
Sur le plus honnête homme on le voit l'emporter.
Têtebleu ! ce me sont de mortelles blessures,
30 De voir qu'avec le vice on garde des mesures ;
Et parfois il me prend des mouvements soudains
De fuir dans un désert l'approche des humains.
PHILINTE. — Mon Dieu, des mœurs du temps mettons-nous
[moins en peine,
Et faisons un peu grâce à la nature humaine ;
35 Ne l'examinons point dans la grande rigueur,
Et voyons ses défauts avec quelque douceur.
Il faut, parmi le monde, une vertu traitable ;
À force de sagesse, on peut être blâmable ;
La parfaite raison fuit toute extrémité,
40 Et veut que l'on soit sage avec sobriété.
Cette grande roideur des vertus des vieux âges
Heurte trop notre siècle et les communs usages ;

> *Elle veut aux mortels trop de perfection :*
> *Il faut fléchir au temps sans obstination ;*
> 45 *Et c'est une folie à nulle autre seconde*
> *De vouloir se mêler de corriger le monde.*
> *J'observe, comme vous, cent choses tous les jours,*
> *Qui pourraient mieux aller, prenant un autre cours ;*
> *Mais quoi qu'à chaque pas je puisse voir paraître,*
> 50 *En courroux, comme vous, on ne me voit point être ;*
> *Je prends tout doucement les hommes comme ils sont,*
> *J'accoutume mon âme à souffrir ce qu'ils font ;*
> *Et je crois qu'à la cour, de même qu'à la ville,*
> *Mon flegme est philosophe autant que votre bile.*
>
> Acte I, scène 1.

▶ Relevez, dans le discours d'Alceste, le champ lexical de l'excès, et dans celui de Philinte, le champ lexical de la mesure.
▶ À quoi tient le ridicule du discours d'Alceste dans le contexte de l'idéal de l'honnête homme ?

3. La pérennité du genre de la comédie

Les comédies de Molière suscitent nombre d'émules, qui assurent un développement particulièrement vif de la comédie au XVIIIe siècle. Celle-ci, tout en suivant les principes qui ont été posés au siècle classique, se renouvelle en se rapprochant d'un autre genre, le drame bourgeois, ce qui donne naissance à un autre type de comédie : la comédie larmoyante. L'attention nouvelle portée au sentiment et à l'émotion conduit à donner au comique une autre place dans la pièce ; il n'empêche pas l'adhésion sentimentale du spectateur vis-à-vis du personnage. C'est particulièrement net chez Marivaux, qui vise bien plus à faire sourire face aux atermoiements des amoureux hésitants, qu'à ridiculiser tel ou tel aspect du protagoniste. Le rire reste donc une sanction face à une attitude inadaptée ou des illusions naïves, mais il se teinte d'émotion.

 ### *La Double Inconstance* (1723)
Marivaux

La Double Inconstance de Marivaux est une pièce qui s'inscrit dans la lignée des comédies classiques, qui prennent pour thème les amours contrariées. Arlequin et Silvia sont de jeunes paysans qui s'aiment. Mais le prince, amoureux de Silvia, l'a fait enlever et la retient prisonnière. Cependant, comme elle ne veut même pas le voir, il suit les conseils d'une dame de la cour, Flaminia. Celle-ci lui recommande de laisser Silvia et Arlequin se rencontrer librement. Elle pense qu'ils se sépareront d'eux-mêmes grâce à ses stratagèmes. Le comportement amoureux des deux personnages peut apparaître en décalage avec les attentes d'un public de citadins, bourgeois ou aristocrates. La naïveté des paysans, leur ignorance des conventions et des lois de la conversation, constituent la source du comique.

Les retrouvailles d'Arlequin et de Silvia.

SILVIA, d'un air inquiet. — *Ah ! j'ai bien des choses à vous dire ! j'ai peur de vous perdre ; j'ai peur qu'on ne vous fasse quelque mal par méchanceté de jalousie ; j'ai peur que vous ne soyez trop longtemps sans me voir, et que vous ne vous y accoutumiez.*

ARLEQUIN. — *Petit cœur, est-ce que je m'accoutumerais à être malheureux ?*

SILVIA. — *Je ne veux point que vous m'oubliiez ; je ne veux point non plus que vous enduriez rien à cause de moi ; je ne sais point dire ce que je veux, je vous aime trop, c'est une pitié que mon embarras, tout me chagrine.*

ARLEQUIN, pleure. — *Hi ! hi ! hi !*

SILVIA, tristement. — *Oh bien, Arlequin, je m'en vais donc pleurer aussi, moi.*

ARLEQUIN. — *Comment voulez-vous que je m'empêche de pleurer, puisque vous voulez être si triste ? Si vous aviez un peu de compassion pour moi, est-ce que vous seriez si affligée ?*

SILVIA. — *Demeurez donc en repos, je ne vous dirai plus que je suis chagrine.*

ARLEQUIN. — *Oui ; mais je devinerai que vous l'êtes ; il faut me promettre que vous ne le serez plus.*
SILVIA. — *Oui, mon fils : mais promettez-moi aussi que vous m'aimerez toujours.*
ARLEQUIN, en s'arrêtant tout court pour la regarder. — *Silvia, je suis votre amant, vous êtes ma maîtresse, retenez-le bien, car cela est vrai, et tant que je serai en vie, cela ira toujours le même train, cela ne branlera pas, je mourrai de compagnie avec cela. Ah ça, dites-moi le serment que vous voulez que je vous fasse ?*
SILVIA, bonnement. — *Voilà qui va bien, je ne sais point de serment ; vous êtes un garçon d'honneur, j'ai votre amitié, vous avez la mienne, je ne la reprendrai pas. À qui est-ce que je la porterais ? N'êtes-vous pas le plus joli garçon qu'il y ait ? Y a-t-il quelque fille qui puisse vous aimer autant que moi ? Eh bien, n'est-ce pas assez ? Nous en faut-il davantage ? Il n'y a qu'à rester comme nous sommes, il n'y aura pas besoin de serments.*
ARLEQUIN. — *Dans cent ans d'ici, nous serons tout de même.*
SILVIA. — *Sans doute.*
ARLEQUIN. — *Il n'y a donc rien à craindre, ma mie, tenons-nous donc joyeux.*
SILVIA. — *Nous souffrirons peut-être un peu, voilà tout.*
ARLEQUIN. — *C'est une bagatelle ; quand on a un peu pâti, le plaisir en semble meilleur.*
SILVIA. — *Oh ! pourtant, je n'aurais que faire de pâtir pour être bien aise, moi.*
ARLEQUIN. — *Il n'y a qu'à ne pas songer que nous pâtissons.*
SILVIA, en regardant tendrement — *Ce cher petit homme, comme il m'encourage !*

Acte I, scène 12.

▶ **Relevez les éléments qui posent Silvia et Arlequin en personnages comiques typiques de la comédie : les paysans.**

On s'achemine donc vers un théâtre où le genre de la comédie proprement dit disparaît, d'abord au XIXe siècle, puis au

XXe siècle : le mélange des genres à l'œuvre au théâtre contribue à l'émergence de moments de comédie au sein d'une pièce composite. Musset est l'un des rares auteurs romantiques à avoir écrit des comédies à proprement parler.

 On ne badine pas avec l'amour (1834)
Musset

On ne badine pas avec l'amour met en scène l'arrivée du jeune et brillant Perdican, accompagné de son précepteur Blazius, au château de Monsieur le Comte son père. Maître Blazius précède son élève, et est accueilli par un chœur de paysans.

LE CHŒUR. — *Doucement bercé sur sa mule fringante, messer Blazius s'avance dans les bluets fleuris, vêtu de neuf, l'écritoire au côté. Comme un poupon sur l'oreiller, il se ballotte sur son ventre rebondi, et, les yeux à demi fermés, il marmotte un Pater noster dans son triple menton. Salut, maître Blazius, vous arrivez au temps de la vendange, pareil à une amphore antique.*
MAITRE BLAZIUS. — *Que ceux qui veulent apprendre une nouvelle d'importance m'apportent ici premièrement un verre de vin frais.*
LE CHŒUR. — *Voilà notre plus grande écuelle : buvez, maître Blazius, le vin est bon ; vous parlerez après.*
MAITRE BLAZIUS. — *Vous saurez, mes enfants, que le jeune Perdican, fils de notre seigneur, vient d'atteindre à sa majorité, et qu'il est reçu docteur à Paris. Il revient aujourd'hui même au château, la bouche toute pleine de façons de parler si belles et si fleuries qu'on ne sait que lui répondre les trois quarts du temps. Toute sa gracieuse personne est un livre d'or ; il ne voit pas un brin d'herbe à terre qu'il ne vous dise comment cela s'appelle en latin ; et, quand il fait du vent ou qu'il pleut, il vous dit tout clairement pourquoi. Vous ouvririez des yeux grands comme la porte que voilà, de le voir dérouler un des parchemins qu'il a coloriés d'encres de toutes couleurs, de ses propres mains et sans rien en dire à personne. Enfin c'est un diamant fin des pieds à la tête.*

▶ **Quel est le caractère dominant du personnage de Blazius ? Relevez les termes qui vous permettent de le définir ainsi.**

◗ Montrez comment il est inadapté à son auditoire.

 Électre (1938)
Giraudoux

Électre de Giraudoux est une pièce en deux actes de 1938, où l'auteur reprend le mythe des Atrides[1] en l'interprétant librement. Il introduit entre autres, comme contrepoint comique à l'histoire tragique, le personnage d'Agathe, jeune épouse petite bourgeoise lasse de son mari. Agathe, influencée par la révolte d'Électre, laisse éclater son indignation face à son époux, le Président du Tribunal, dans la scène 6 de l'acte II.

AGATHE. — *Oui. Nous sommes toutes là, avec nos maris insuffisants ou nos veuvages. Et toutes nous nous consumons à leur rendre la vie et la mort agréables. Et s'ils mangent de la laitue cuite, il leur faut le sel et un sourire. Et s'ils fument, il nous faut allumer leur ignoble cigare avec la flamme de notre cœur.*
LE PRÉSIDENT. — *Pour qui parles-tu ? Tu m'as vu jamais manger de la laitue cuite ?*
AGATHE. — *Ton oseille, si tu veux.*
LE PRÉSIDENT. — *Et il n'en mange pas d'oseille, et il ne fume pas le cigare, ton amant ?*
AGATHE. — *L'oseille mangée par mon amant devient une ambroisie, dont je lèche les restes. Et tout ce qui est souillé quand mon mari le touche sort purifié de ses mains ou de ses lèvres... Moi-même... Et Dieu sait !*

◗ Relevez les éléments comiques dans cette scène.
◗ Quel est l'objet des propos critiques d'Agathe ?

La pièce de Giraudoux, *Électre*, comprend donc des éléments qui la rattachent au genre de la comédie. Cependant, des glisse-

---

1. Atrides : dans la mythologie grecque, famille maudite, dont les membres s'entretuent.

ments peuvent être observés vers l'expression satirique. Ce type de théâtre est l'occasion de montrer que la notion de comique est fort difficile à circonscrire dans un genre particulier ; le comique est par essence protéiforme, et il peut s'appréhender sous de multiples perspectives, notamment critiques et moralisatrices, telles qu'on en trouve dans la satire.

B. Le comique dans la satire

Le journalisme consiste à annoncer que Monsieur Watson est mort à des millions de gens qui ne savaient pas qu'il vivait.

Mark Twain.

1. Caractéristiques de la satire

➤ **Définitions**

Comment cerner la satire qui évoque à la fois un genre et un mode, un moyen et un but, une convention littéraire et une façon très personnelle de considérer le monde et les hommes ?

La satire prise au sens restreint est d'origine latine, et Quintilien la revendique comme telle bien que Ménippe, chez les Grecs (IIIe siècle av. J.-C.) ait déjà écrit cent cinquante satires, ouvrages mêlés de vers et de prose, où il abordait sur un ton familier des sujets de morale ou de politique. Elle s'impose à Rome comme un genre littéraire spécifique, distinct des genres lyrique, épique, dramatique ou romanesque, notamment avec les œuvres du poète Lucilius (IIe siècle av. J.-C.). C'est avec lui qu'elle devient un **texte** poétique, narratif, à **vocation critique et moralisatrice** qui fustige tous les écarts à la norme sociale au sens le plus large : caractères, comportements, modes de vie. Cependant, comme le suggère l'étymologie (*satura lanx* : « mots variés », « salade », « macédoine »), cette critique peut prendre des thèmes, des formes et des tons très divers ; avec Horace (vers 30 av. J.-C.), elle est légère et peu méchante : le comportement de ses contemporains fait sourire le poète qui mêle à la peinture critique des vices et des travers de son époque, des préceptes de conduite ainsi que des considérations de moraliste. Avec Juvénal (Ier siècle ap. J.-C.) au contraire, la satire se déploie avec une éloquence souvent véhémente et une **raillerie acerbe mordante**.

La satire prise au sens large est davantage un mode d'écriture ou de communication, un moyen d'expression qu'un genre spécifique. Elle est susceptible d'informer ou d'orienter la prose aussi bien que les vers ; elle peut se manifester de manière diffuse dans les épigrammes*, les fabliaux ou encore dans les romans comme *Le Roman de Renart*, on peut la trouver aussi dans les essais, les contes et les comédies.

Dans tous les cas, la satire s'appréhende comme **un art de réaction brutale**, une réponse instantanée à une réalité sociale ou politique (dans le sens large), perçue comme inadéquate, jugée insoutenable au regard d'une normalité qui a la figure de l'idéal et de l'essentiel. S'il est difficile d'énoncer tous les ingrédients qui entrent dans la macédoine de la satire, il en est au moins deux que l'on retrouve constamment : le caractère de dénonciation critique, associé à un esprit de dérision, à l'égard des cibles humaines et sociales qui sont visées, mais aussi une **volonté de contestation et de réforme**. Orgueilleux et sensible, cynique et lucide, l'écrivain satirique s'arroge le droit du censeur infaillible. Il dénonce tout haut ce que pensent tout bas les gens ; ses textes se fondent sur des normes morales claires et appellent l'assentiment du lecteur.

➤ Le rire de la satire

La tentation est forte pour le satirique de se laisser aller à une dénonciation pure et violente, s'appuyant sur les invectives* et les épithètes injurieuses. La satire confine alors au pamphlet*. Pour qu'elle reste dans la sphère du comique, elle exige un contenu, une forme que le lecteur perçoit comme ridicule et grotesque ; une réalité qui est grossie et déformée pour être présentée sous un jour absurde.

Le rire de la satire peut prendre plusieurs formes. Il peut stigmatiser — comme c'est le cas dans *Les Regrets* de Du Bellay au XVIIe siècle — la corruption des mœurs et souligner, sur le mode du regret et de la déception, l'anormalité de la société. Il peut également — lorsqu'il est féroce et corrosif, notamment au XVIIIe siècle — gripper les rouages de la mécanique sociale, et susciter réflexions et interrogations, obligeant à repenser le corps social, à questionner les fondements mêmes du pouvoir, à l'aune d'une normalité érigée en absolu.

2. Les cibles de la satire

La veine satirique est plus ou moins vivace selon les circonstances socio-historiques et politiques, les thèmes diffèrent selon les époques. Les textes satiriques peuvent s'attaquer aux institutions, à la société ; mettre en scène des types moraux ou sociaux : le courtisan, les avocats..., ou encore stigmatiser l'agitation de la ville.

➤ Les embarras de la ville

Au XVIIe siècle, à la suite de Mathurin Régnier, Boileau renoue avec la verve satirique des poètes latins Horace et Juvénal. Il leur emprunte le thème des « embarras » de la ville : les bruits, les difficultés de circulation. Il évoque dans la *Satire VI* la vie de la rue à Paris au XVIIe siècle.

Même si l'ordre social n'est pas ici radicalement remis en cause, le texte est sans conteste satirique ; il offre une critique de la société par rapport à un idéal social auquel elle n'est pas conforme : celui de *l'honnête homme,* fidèle à la mesure, soumis aux règles de bienséance. La pratique de la satire chez Boileau, un partisan des Anciens, s'inscrit dans ce cadre, elle s'éclaire en fonction du projet moral de plaire et d'instruire :

> *La Satire, en leçons, en nouveauté fertile,*
> *Sait seule assaisonner le plaisant et l'utile*
> *Et, d'un vers qu'elle épure aux rayons du bon sens*
> *Détrompe les esprits des erreurs de leur temps*[1].

Il s'agit, dans tous les cas de refuser le « torrent furieux » de la démesure, au profit du ruisseau calme de bon sens. Dès lors, les encombrements de la ville figurent de façon métaphorique l'excès qui menace et dérange l'ordre social, et causant des « embarras » que le poète doit fustiger en bon prédicateur laïc.

Satire VI (1660)
Boileau

> *Qui frappe l'air, bon Dieu ! de ces lugubres cris ?*
> *Est-ce donc pour veiller qu'on se couche à Paris ?*
> *Et quel fâcheux démon, durant les nuits entières,*
> *Rassemble ici les chats de toutes les gouttières ?*
> 5 *J'ai beau sauter du lit, plein de trouble et d'effroi,*
> *Je pense qu'avec eux tout l'enfer est chez moi :*
> *L'un miaule en grondant comme un tigre en furie ;*
> *L'autre roule sa voix comme un enfant qui crie.*
> *Ce n'est pas tout encor : les souris et les rats*
> 10 *Semblent, pour m'éveiller, s'entendre avec les chats,*
> *Plus importuns pour moi, durant la nuit obscure,*
> *Que jamais, en plein jour, ne fut l'abbé de Pure*[2].
> *Tout conspire à la fois à troubler mon repos,*
> 15 *Et je me plains ici du moindre de mes maux :*
> *Car à peine les coqs, commençant leur ramage,*
> *Auront de cris aigus frappé le voisinage*
> *Qu'un affreux serrurier, laborieux Vulcain,*
> *Qu'éveillera bientôt l'ardente soif du gain,*
> 20 *Avec un fer maudit, qu'à grand bruit il apprête,*
> *De cent coups de marteau me va fendre la tête.*

---

1. Satire IX, vers 267-270.
2. Cet abbé est un ennuyeux célèbre.

J'entends déjà partout les charrettes courir,
Les maçons travailler, les boutiques s'ouvrir :
Tandis que dans les airs mille cloches émues[1]
25 D'un funèbre concert font retentir les nues ;
Et, se mêlant au bruit de la grêle et des vents,
Pour honorer les morts font mourir les vivants.
  Encor je bénirais la bonté souveraine,
Si le ciel à ces maux avait borné ma peine ;
30 Mais si, seul en mon lit, je peste avec raison,
C'est encor pis vingt fois en quittant la maison :
En quelque endroit que j'aille, il faut fendre la presse
D'un peuple d'importuns qui fourmillent sans cesse.
L'un me heurte d'un ais[2] dont je suis tout froissé ;
35 Je vois d'un autre coup mon chapeau renversé.
Là, d'un enterrement la funèbre ordonnance
D'un pas lugubre et lent vers l'église s'avance ;
Et plus loin des laquais l'un l'autre s'agaçants[3],
Font aboyer les chiens et jurer les passants.

▶ En vous appuyant sur l'analyse des champs lexicaux, précisez ce que Boileau dénonce avec vivacité.
▶ Les procédés d'écriture satirique : relevez les accumulations* et les comparaisons. Quels sont les effets produits par l'emploi du présent et la récurrence du pronom personnel « je » ?

Si la satire des moralistes subit les règles de la bienséance, la force de la censure, celle des philosophes des Lumières est plus irrévérencieuse ; elle remet en cause les fondements mêmes du pouvoir avec la critique de l'absolutisme, de l'inégalité sociale, le dénigrements de la religion. Ainsi, le même thème de l'agitation parisienne subit un traitement tout autre dans les *Lettres persanes* de Montesquieu. Le roman met en scène deux Persans, Usbeck et

---

1. Mises en mouvement.
2. Planche de bois.
3. Orthographe XVIIe siècle.

Rica qui, visitant la France, portent un regard distancié sur la société française et font part de leurs observations au cours d'échanges épistolaires*.

 Lettres persanes (1721)
Montesquieu

La lettre 24 traduit les premières impressions de Rica à Paris, elle permet une satire légère et savoureuse des mœurs, des habitudes parisiennes ainsi qu'une satire plus impertinente du roi et du pape. Le rapprochement qu'opère Montesquieu entre les deux plans permet de glisser le thème de la relativité dans la représentation du pouvoir et du sacré.

Paris est aussi grand qu'Ispahan. Les maisons y sont si hautes qu'on jugerait qu'elles ne sont habitées que par des astrologues. Tu juges bien qu'une ville bâtie en l'air, qui a six ou sept maisons les unes sur les autres, est extrêmement peuplée, et que, quand tout le monde est descendu dans la rue, il s'y fait un bel embarras.

Tu ne le croirais pas peut-être : depuis un mois que je suis ici, je n'y ai encore vu marcher personne. Il n'y a point de gens au monde qui tirent mieux parti de leur machine[1] *que les Français : ils courent ; ils volent. Les voitures lentes d'Asie, le pas réglé de nos chameaux, les feraient tomber en syncope. Pour moi, qui ne suis point fait à ce train, et qui vais souvent à pied sans changer d'allure, j'enrage quelquefois comme un Chrétien : car encore passe qu'on m'éclabousse depuis les pieds jusqu'à la tête, mais je ne puis pardonner les coups de coude que je reçois régulièrement et périodiquement. Un homme qui vient après moi, et qui me passe, me fait faire un demi-tour, et un autre, qui me croise de l'autre côté, me remet soudain où le premier m'avait pris ; et je n'ai pas fait cent pas, que je suis plus brisé que si j'avais fait dix lieues.*

Ne crois pas que je puisse, quant à présent, te parler à fond des mœurs et des coutumes européennes : je n'en ai moi-même qu'une légère idée, et n'ai eu à peine que le temps de m'étonner.

---

1. Machine : corps.

Le Roi de France est le plus puissant prince de l'Europe. [...] D'ailleurs ce roi est un grand magicien : il exerce son empire sur l'esprit même de ses sujets ; il les fait penser comme il veut. S'il n'a qu'un million d'écus dans son trésor, et qu'il en ait besoin de deux, il n'a qu'à leur persuader qu'un écu en vaut deux, et ils le croient[1]. S'il a une guerre difficile à soutenir, et qu'il n'ait point d'argent, il n'a qu'à leur mettre dans la tête qu'un morceau de papier est de l'argent, et ils en sont aussitôt convaincus. Il va même jusqu'à leur faire croire qu'il les guérit de toutes sortes de maux en les touchant[2], tant est grande la force et la puissance qu'il a sur les esprits.

Ce que je te dis de ce prince ne doit pas t'étonner : il y a un autre magicien, plus fort que lui, qui n'est pas moins maître de son esprit qu'il l'est lui-même de celui des autres. Ce magicien s'appelle le Pape. Tantôt il lui fait croire que trois ne sont qu'un[3], que le pain qu'on mange n'est pas du pain, ou que le vin qu'on boit n'est pas du vin[4] et mille autres choses de cette espèce.

De Paris, le 4 de la lune de Rebîab 2, 1712.

- Qu'est-ce qui étonne Rica dans sa découverte de Paris ? Quelles expressions et comparaisons relèvent du regard persan ?
- Pourquoi le roi et le pape sont-ils tout deux comparés à des magiciens ? Quelles sont les implications de cette désignation ?

Sous couvert d'étonnement, le regard étranger dévoile de manière subversive l'illusion des pouvoirs politique et religieux, la dévaluation et la dégradation des puissants de ce monde. Ceux

---

1. Allusion aux variations du cours de l'écu entre 1689 et 1715.
2. On croyait que les rois de France avaient le pouvoir de guérir par imposition des mains.
3. Allusion au dogme de la Trinité, selon lequel Dieu serait à la fois une substance et trois personnes.
4. Allusion au dogme de l'Eucharistie, où le pain et le vin représentent le corps de Jésus.

qui gravitent autour d'eux sont tout autant frappés du sceau de la fausseté, qu'il s'agisse des courtisans, des mondains, des ministres ou autres diplomates.

➤ Hypocrites et flatteurs

L'artifice, le filtre du regard exotique permettaient à Montesquieu une certaine hauteur de vue, une distance autorisant la critique. L'originalité de Du Bellay au XVIe siècle tient dans la mise en scène de son être, le lyrisme* de sa souffrance.

Les Regrets, « **Sonnet LXXXVI** » (1558)
Du Bellay

Le recueil des *Regrets* publié en 1558 traduit en effet la déception éprouvée par le poète lors de son séjour à Rome : il s'attendait à trouver la grandeur de la Rome antique, il découvre désabusé les réalités de la vie romaine, si loin des rêves enthousiastes des humanistes. Observateur amer de la cour pontificale au XVIe siècle, il fustige les vices et les turpitudes de Rome sur le mode du regret et de la désillusion. Il dénonce dans ce sonnet satirique les « singes de Cour[1] ».

Marcher d'un grave pas et d'un grave sourci[2],
Et d'un grave souris[3] à chacun faire fête,
Balancer tous ses mots, répondre de la tête,
Avec un Messer non ou bien un Messer si ;

5 *Entremêler souvent un petit E cosi[4],*
Et d'un son Servitor contrefaire l'honnête,
Et, comme si l'on eût sa part en la conquête,
Discourir sur Florence, et sur Naples aussi ;

Seigneuriser[5] chacun d'un baisement de main,
10 *Et suivant la façon du courtisan romain,*
Cacher sa pauvreté d'une brave apparence ;

---

1. Expression que Du Bellay emploie dans un autre sonnet (CL) où il critique les courtisans français.
2. Sourcil.
3. Sourire.
4. C'est cela.
5. Traiter comme un seigneur.

Voilà de cette cour la plus grande vertu,
Dont[1] souvent, mal monté, mal sain, et mal vêtu,
Sans barbe[2] et sans argent, on s'en retourne en France.

▶ **Quels attitudes et comportements sont soulignés par l'accumulation des verbes à l'infinitif ?**
▶ **En vous appuyant entre autres sur l'emploi du pronom « on », déterminez les cibles de la satire dans ce sonnet.**

Originalité de Du Bellay dans l'autodérision, originalité de La Fontaine parvenant à concilier violence de la dénonciation et liberté du fabuliste dans un siècle marqué par les lois de la bienséance. S'inscrivant dans une tradition de pédagogie et de morale, de style plaisant et satirique, La Fontaine renouvelle au XVIIe siècle le genre de la fable développé par Esope puis Phèdre. Il met en scène des animaux incarnant des types humains : il peut ainsi dénoncer dans cette comédie imaginaire certains comportements sociaux qui contreviennent à la norme.

« Les Obsèques de la Lionne » permet la satire des courtisans, la satire généralisée de la Cour.

 Fables, « Les Obsèques de la Lionne » (1693)
La Fontaine

La femme du Lion mourut ;
Aussitôt chacun accourut
Pour s'acquitter envers le Prince
De certains compliments de consolation,
5   *Qui sont surcroît d'affliction.*
Il fit avertir sa province[3]
Que les obsèques se feraient
Un tel jour, en tel lieu ; ses prévôts y seraient
    Pour régler la cérémonie,

---

1. D'où.
2. La pelade est une maladie de peau qui rend chauve et imberbe.
3. Royaume.

10   *Et pour placer la compagnie.*
Jugez si chacun s'y trouva.
Le Prince aux cris s'abandonna,
Et tout son antre en résonna :
Les Lions n'ont point d'autre temple.
15   *On entendit, à son exemple,*
Rugir en leur patois Messieurs les Courtisans.
Je définis la cour un pays où les gens,
Tristes, gais, prêts à tout, à tout indifférents,
Sont ce qu'il plaît au Prince, ou, s'ils ne peuvent l'être,
20   *Tâchent au moins de le paraître :*
Peuple caméléon, peuple singe du maître
On dirait qu'un esprit anime mille corps :
C'est bien là que les gens sont de simples ressorts.
Pour revenir à notre affaire,
25   *Le Cerf ne pleura point. Comment eût-il pu faire ?*
Cette mort le vengeait : la Reine avait jadis
Étranglé sa femme et son fils.
Bref, il ne pleura point. Un flatteur l'alla dire,
Et soutint qu'il l'avait vu rire.
30   *La colère du Roi, comme dit Salomon,*
Est terrible, et surtout celle du roi Lion ;
Mais ce Cerf n'avait pas accoutumé de lire.
Le Monarque lui dit : « Chétif hôte des bois,
Tu ris, tu ne suis pas ces gémissantes voix.
35   *Nous n'appliquerons point sur tes membres profanes*
Nos sacrés ongles : venez, Loups,
Vengez la Reine ; immolez tous
Ce traître à ses augustes mânes. »
Le Cerf reprit alors : « Sire, le temps de pleurs
40   *Est passé : la douleur est ici superflue.*
Votre digne moitié, couchée entre des fleurs,
Tout près d'ici m'est apparue ;
Et je l'ai d'abord reconnue.
« Ami, m'a-t-elle dit, garde[1] *que ce convoi*
45   *« Quand je vais chez les Dieux, ne t'oblige à des larmes.*
« Aux Champs Élysiens[2] *j'ai goûté mille charmes,*

---

1. Prends garde.
2. Séjour des bienheureux dans la mythologie grecque.

« Conversant avec ceux qui sont saints comme moi.
« Laisse agir quelque temps le désespoir du Roi :
« J'y prends plaisir. » À peine on eut ouï la chose,
50 Qu'on se mit à crier : « Miracle ! Apothéose[1] ! »
Le Cerf eut un présent, bien loin d'être puni.

    Amusez les Rois par des songes,
Flattez-les, payez-les d'agréables mensonges :
Quelque indignation dont leur cœur soit rempli,
55 Ils goberont l'appât ; vous serez leur ami.

VIII, 14.

▶ Comment est exprimé l'empressement servile des courtisans ? Qui est visé par la satire ?
▶ Qu'est-ce qui permet au cerf de n'être pas puni ? Qu'est-ce qui peut rapprocher le comportement du fabuliste de celui du cerf ?

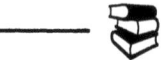

Le comportement normal du cerf est mis en lumière par les infractions à la norme que commet la Cour, ridicule dans ses cris et son exaltation sur commande. Le cerf est un révélateur des excès et des travers de la Cour, dont il est le spectateur.

Ce regard distancié, on le retrouve dans le théâtre et le roman modernes, qui perpétuent la tradition classique de la satire sociale. Dans *Belle du Seigneur* Albert Cohen peint avec une verve satirique féroce les milieux diplomatiques de Genève et la Société des Nations (ancêtre de l'O.N.U.), à la fois cosmopolite et repliée sur ses petits intérêts. Il pose un regard impitoyable sur les fonctionnaires internationaux, ces bourgeois de la société genevoise.

---

1. Passage d'un mortel au rang des Dieux.

L'écart par rapport à une norme sociale   37

▶ La bourgeoisie

Si Molière raillait plaisamment dans *Le Bourgeois gentilhomme* les prétentions de Monsieur Jourdain, la satire du bourgeois enrichi et borné se fait plus féroce au XIXe siècle.

Le sonnet satirique de Verlaine, « Monsieur Prudhomme », ridiculise l'un de ces bourgeois graves et sentencieux, déconsidérés par les artistes.

Du côté de chez Swann (1913),
À la recherche du temps perdu
Marcel Proust

Marcel Proust approfondit la satire du bourgeois en la doublant d'une réflexion sur l'art. C'est en fonction de cette dimension que peut être appréciée la rencontre entre Swann, l'homme fin et cultivé, capable de jugements esthétiques, et Madame Verdurin, incarnant une certaine bourgeoisie inculte, superficielle et prétentieuse.

— Quel joli Beauvais[1], dit avant de s'asseoir Swann qui cherchait à être aimable.
— Ah ! je suis contente que vous appréciiez mon canapé, répondit Mme Verdurin. Et je vous préviens que si vous voulez en voir d'aussi beau, vous pouvez y renoncer tout de suite. Jamais ils n'ont rien fait de pareil. Les petites chaises aussi sont des merveilles. Tout à l'heure vous regarderez cela. Chaque bronze correspond comme attribut au petit sujet du siège ; vous savez, vous avez de quoi vous amuser si vous voulez regarder cela, je vous promets un bon moment. Rien que les petites frises des bordures, tenez là, la petite vigne sur fond rouge de L'Ours et les Raisins[2]. Est-ce dessiné ? Qu'est-ce que vous en dites, je crois qu'ils le savaient plutôt, dessiner ! Est-elle assez appétissante cette vigne ? Mon mari prétend que je n'aime pas les fruits parce que j'en mange moins que lui. Mais non, je suis plus gourmande que vous tous, mais je n'ai pas besoin de me les mettre dans la bouche puisque je jouis

---

1. Tapisserie provenant des manufactures de Beauvais.
2. Des dessins inspirés des *Fables* de La Fontaine pouvaient orner les sièges. Madame Verdurin déforme le titre « Le Renard et les raisins ».

par les yeux. Qu'est-ce que vous avez tous à rire ? Demandez au docteur, il vous dira que ces raisins-là me purgent. D'autres font des cures de Fontainebleau, moi je fais ma petite cure de Beauvais. Mais, monsieur Swann, vous ne partirez pas sans avoir touché les petits bronzes des dossiers. Est-ce assez doux comme patine ? Mais non, à pleines mains, touchez-les bien.
— Ah ! si madame Verdurin commence à peloter les bronzes, nous n'entendrons pas de musique ce soir, dit le peintre.

- **Quelles qualités Madame Verdurin se vante-t-elle d'avoir ? À quel moment son discours dérape-t-il dans la vulgarité et la trivialité ?**
- **En quoi ce dérapage permet de dénoncer avec efficacité les prétentions esthétiques des bourgeois ?**

Proust enrichit ainsi la tradition classique de la satire des classes sociales. Celle-ci devient plus précise quand elle s'attaque à des professions et à des métiers particuliers.

➤ Satire des professions

L'exercice de la justice constitue l'une des cibles qu'affectionne l'écrivain satirique. À la suite de Rabelais qui avait fustigé dans le *Quart Livre* les « Chicanous », c'est-à-dire les gens de la Chicane, officiers de justice, huissiers, etc., Beaumarchais dénonce dans *Le Mariage de Figaro* le formalisme ridicule des gens de justice.

 Le Mariage de Figaro (1784)
Beaumarchais

Dans l'extrait suivant, Figaro, valet du comte Almaviva, comparaît au procès que lui a intenté Marceline. En effet, il lui a emprunté de l'argent en lui promettant de le lui rendre dans un délai précis, ou à défaut de l'épouser. Le terme est échu ; Figaro ne peut rembourser. Le comte préside en sa qualité de premier magistrat d'Andalousie, il est assisté d'un juge de métier, Brid'oison. Double-main est le greffier ; Bartholo, défenseur de Marceline, lit la reconnaissance de dettes de Figaro.

BRID'OISON, à Figaro. — Qu'oppo... qu'oppo-osez-vous à cette lecture ?

FIGARO. — Qu'il y a, Messieurs, malice, erreur ou distraction dans la manière dont on a lu la pièce ; car il n'est pas dit dans l'écrit : « laquelle somme je lui rendrai, ET je l'épouserai » ; mais : « laquelle somme je lui rendrai, OU je l'épouserai » ; ce qui est bien différent.

LE COMTE. — Y a-t-il ET dans l'acte, ou bien OU ?

BARTHOLO. — Il y a ET.

BRID'OISON. — Dou-ouble-Main, lisez vous-même.

DOUBLE-MAIN, prenant le papier. — Et c'est le plus sûr ; car souvent les parties déguisent en lisant. (Il lit.) « E. e. e. e. Damoiselle e. e. e. de Verte-Allure e. e. e. Ha ! laquelle somme je lui rendrai à sa réquisition, dans ce château... ET... OU... ET... OU... « le mot est si mal écrit... il y a un pâté.

BRID'OISON. — Un pâ-âté ? je sais ce que c'est.

BARTHOLO, plaidant. — Je soutiens, moi, que c'est la conjonction copulative ET qui lie les membres corrélatifs de la phrase ; je payerai la demoiselle, ET je l'épouserai.

FIGARO, plaidant. — Je soutiens, moi, que c'est la conjonction alternative OU qui sépare les dits membres ; je paierai la donzelle, OU je l'épouserai : à pédant, pédant et demi ; qu'il s'avise de parler latin, j'y suis grec ; je l'extermine.

LE COMTE. — Comment juger pareille question ?

BARTHOLO. — Pour trancher, Messieurs, et ne plus chicaner sur un mot, nous passons[1] qu'il y ait OU.

FIGARO. — J'en demande acte.

BARTHOLO. — Et nous y adhérons. Un si mauvais refuge ne sauvera pas le coupable : examinons le titre en ce sens. (Il lit.) « Laquelle somme je lui rendrai dans ce château où je l'épouserai. » C'est ainsi qu'on dirait, Messieurs : « vous vous ferez saigner dans ce lit, où vous resterez chaudement » : c'est : dans lequel. « Il prendra deux grains de rhubarbe où vous mêlerez un peu de tamarin » : dans lesquels on mêlera. Ainsi « château où je l'épouserai », Messieurs, c'est « château dans lequel... ».

---

1. Nous passons : nous admettons.

FIGARO. — *Point du tout ; la phrase est dans le sens de celle-ci : « ou la maladie vous tuera, ou ce sera le médecin » ; ou bien le médecin, c'est incontestable. Autre exemple : « ou vous n'écrirez rien qui plaise, ou les sots vous dénigreront » ; ou bien les sots, le sens est clair ; car, audit cas, sots ou méchants sont le substantif qui gouverne. Maître Bartholo croit-il donc que j'aie oublié ma syntaxe ? Ainsi, je la paierai dans ce château, virgule, ou je l'épouserai...*

Acte III, scène 15.

> ▶ Sur quoi repose l'essentiel du débat ? Quelle satire Beaumarchais fait-il du langage et des avocats ?
> ▶ Les représentants de la justice : dites ce qui, dans leur nom, dans leur élocution, dans leurs propos, traduit leur ridicule et permet une critique de l'organisation judiciaire.

Si le nom Brid'oison peut évoquer celui de Bridoye dans le *Tiers Livre* de Rabelais, les deux personnages ne peuvent cependant être assimilés. Le juge rabelaisien incarne la simplicité de celui qui « se recommande humblement à Dieu ». La satire est précisément dirigée contre le formalisme des juges qui ponctuent leurs phrases de références aux textes juridiques, qui s'attachent trop à la lettre.

Une autre catégorie des détenteurs de savoirs que l'on vient consulter fait également l'objet de la satire : il s'agit des médecins, profession qui est incarnée par un valet qui n'en a que l'habit dans *Dom Juan* de Molière.

 Dom Juan (1665)
Molière

> Sganarelle et son maître, poursuivis par douze hommes à cheval, s'enfuient dans une forêt. Cette scène constitue une attaque en règle de Molière contre les médecins, des êtres censés disposer de savoirs et de connaissances devant permettre de soigner.

DON JUAN, en habit de campagne,
SGANARELLE, en médecin.

SGANARELLE. — *Ma foi, monsieur, avouez que j'ai eu raison, et que nous voilà l'un et l'autre déguisés à merveille. Votre premier dessein n'était point du tout à propos, et ceci nous cache bien mieux que tout ce que vous vouliez faire.*
DON JUAN. — *Il est vrai que te voilà bien, et je ne sais où tu as été déterrer cet attirail ridicule.*
SGANARELLE. — *Oui ? C'est l'habit d'un vieux médecin, qui a été laissé en gage au lieu où je l'ai pris, et il m'en a coûté de l'argent pour l'avoir. Mais savez-vous, monsieur, que cet habit me met déjà en considération, que je suis salué des gens que je rencontre, et que l'on me vient consulter ainsi qu'un habile homme ?*
DON JUAN. — *Comment donc ?*
SGANARELLE. — *Cinq ou six paysans et paysannes, en me voyant passer, me sont venus demander mon avis sur différentes maladies.*
DON JUAN. — *Tu leur as répondu que tu n'y entendais rien ?*
SGANARELLE. — *Moi ? Point du tout. J'ai voulu soutenir l'honneur de mon habit : j'ai raisonné sur le mal, et leur ai fait des ordonnances à chacun.*
DON JUAN. — *Et quels remèdes encore leur as-tu ordonnés ?*
SGANARELLE. — *Ma foi ! monsieur, j'en ai pris par où j'en ai pu attraper ; j'ai fait mes ordonnances à l'aventure, et ce serait une chose plaisante si les malades guérissaient, et qu'on m'en vînt remercier.*
DON JUAN. — *Et pourquoi non ? Par quelle raison n'aurais-tu pas les mêmes privilèges qu'ont tous les autres médecins ? Ils n'ont pas plus de part que toi aux guérisons des malades, et tout leur art est pure grimace. Ils ne font rien que recevoir la gloire des heureux succès, et tu peux profiter comme eux du bonheur du malade, et voir attribuer à tes remèdes tout ce qui peut venir des faveurs du hasard et des forces de la nature.*
SGANARELLE. — *Comment, monsieur, vous êtes aussi impie en médecine ?*
DON JUAN. — *C'est une des grandes erreurs qui soient parmi les hommes.*

SGANARELLE. — *Quoi ? vous ne croyez pas au séné, ni à la casse[1], ni au vin émétique[2] ?*
DON JUAN. — *Et pourquoi veux-tu que j'y croie ?*
SGANARELLE. — *Vous avez l'âme bien mécréante. Cependant vous voyez depuis un temps que le vin émétique fait bruire ses fuseaux[3]. Ses miracles ont converti les plus incrédules esprits, et il n'y a pas trois semaines que j'en ai vu, moi qui vous parle, un effet merveilleux.*
DON JUAN. — *Et quel ?*
SGANARELLE. — *Il y avait un homme qui, depuis six jours, était à l'agonie ; on ne savait plus que lui ordonner, et tous les remèdes ne faisaient rien ; on s'avisa à la fin de lui donner de l'émétique.*
DON JUAN. — *Il réchappa, n'est-ce pas ?*
SGANARELLE. — *Non, il mourut.*
DON JUAN. — *L'effet est admirable.*
SGANARELLE. — *Comment ? il y avait six jours entiers qu'il ne pouvait mourir, et cela le fit mourir tout d'un coup. Voulez-vous rien de plus efficace ?*
DON JUAN. — *Tu as raison.*

Acte III, scène 1.

● **Comment la situation théâtrale offre-t-elle à Molière une occasion de faire la satire de la médecine ?**
● **Quel champ lexical Sganarelle utilise-t-il pour parler de la médecine ? Quelles en sont les implications ?**

Pour Don Juan, la médecine est « une des grandes erreurs humaines », une tromperie purement et simplement ; les médecins peuvent être considérés comme des charlatans, des bonimenteurs, réussissant au hasard à guérir ou à faire mourir. Médecin ou charlatan ? C'est la question que se pose le lecteur en lisant la

---

1. Purgatif.
2. Vomitif.
3. Fait du bruit.

pièce de théâtre de Jules Romains, *Knock ou le Triomphe de la médecine*.

La satire touche actuellement divers domaines de la société et emploie des moyens eux-mêmes diversifiés, comme certaines émissions télévisées, ou journaux satiriques tels que *Le Canard enchaîné*, et dessins humoristiques.

 Jeu d'écriture

▶ Rédigez une fable qui met en scène nos contemporains, esclaves du téléphone portable.

C. Le comique dans la caricature

La caricature, comme la charge, est un genre artistique caractérisé par l'outrance. Elle nécessite un talent d'observation et un choix de détails qui révèlent certains aspects essentiels d'un sujet. Nous parlons de caricature en littérature quand l'essayiste ou le romancier rendent visibles les défauts physiques ou les travers moraux d'un homme ou d'un groupe social par leur agrandissement. Les hyperboles*, énumérations, accumulations ou les figures d'analogie sont alors les moyens privilégiés pour sa transcription stylistique, comme l'exagération des traits dans le dessin.

Dans sa **fonction de dénonciation**, la caricature se rapproche de la satire mais elle s'en différencie en ce qu'elle correspond à un moment descriptif qui s'apparente à la vignette ; c'est une pause avec un arrêt sur une image. C'est ainsi que la caricature s'impose comme un genre pictural au XIXe siècle en prenant son essor en même temps que la presse. Elle devient matière à réflexion esthétique pour Baudelaire critique d'art[1], qui fait la distinction entre l'art éphémère du chroniqueur dessinant une vignette au jour le jour, et un art véritable de la comédie humaine montrant les vices et corrigeant les mœurs.

Un caricaturiste est un observateur incisif et un juge impitoyable. En effet, le réalisme de la description est déformé par une certaine idée du bien et du mal, du beau et du laid : une caricature propose **une réduction à l'essentiel qui passe par l'hypertrophie monstrueuse de certains détails significatifs.** Le rire qu'elle peut provoquer sanctionne les écarts de la morale ou de l'esthétique par rapport à une norme ou un consensus sur des valeurs du bien ou du beau. Pour qu'il y ait rire, il faut que soit compris le décalage entre une certaine norme et l'exagération qui ne doit pas cacher la ressemblance. Le caricaturiste est celui qui parvient à dégager la monstruosité de la vie ordinaire ; il met en garde contre les excès en allant jusqu'au bout de ce qui est déjà amorcé dans un trait, un mouvement, un penchant. Il est redoutable et redouté car il n'invente rien. Dans un texte en vers qui sert de prologue au *Salon caricatural de 1846*, Baudelaire en fait le portrait : il ressemble à un bandit moustachu, une sorte de mousquetaire armé d'un crayon et d'une plume, un croque-mitaine, monstre injustement redouté car « bon homme » qui invite au rire et au délire.

 Une lecture entrainante
Daumier

Cette caricature montre un talent de dessinateur, qui comme le dit Baudelaire, pousse « l'art » très loin jusqu'à en faire un art sérieux.

---

1. In « De l'essence du rire » et généralement « Du comique dans les arts plastiques », *Baudelaire Critique d'art*, « Folio Essai », Gallimard, 1992.

L'écart par rapport à une norme sociale   45

 ***Les Caractères*, « De l'homme », I, 7ᵉ caractère**
(1688)
La Bruyère

Une distraction qui dépasse les bornes : Ménalque

La Bruyère s'attache à montrer le ridicule de certains comportements excessifs. C'est le cas de Ménalque, qui est un homme tellement distrait qu'il est inadapté en tout lieu et en toute circonstance. Le portrait en actes est fait d'une accumulation d'anecdotes qui placent le personnage dans des situations qui révèlent à gros traits l'essentiel de sa personnalité, son extrême distraction.

Ménalque descend son escalier, ouvre sa porte pour sortir, il la referme : il s'aperçoit qu'il est en bonnet de nuit ; et venant à mieux s'examiner, il se trouve rasé à moitié, il voit que son épée est mise du côté droit, que ses bas sont rabattus sur ses talons, et que sa chemise est par-dessus ses chausses. S'il marche dans les places, il se sent tout d'un coup rudement frappé à l'estomac ou au visage ; il ne soupçonne point ce que ce peut être, jusqu'à ce qu'ouvrant les yeux et se réveillant, il se trouve ou devant un limon[1] de charrette, ou derrière un long ais[2] de menuiserie que porte un ouvrier sur ses épaules. On l'a vu une fois heurter du front contre celui d'un aveugle, s'embarrasser dans ses jambes, et tomber avec lui chacun de son côté à la renverse. Il lui est arrivé plusieurs fois de se trouver tête pour tête à la rencontre d'un prince et sur son passage, se reconnaître à peine, et n'avoir que le loisir de se coller à un mur pour lui faire place. Il cherche, il brouille, il crie, il s'échauffe, il appelle ses valets l'un après l'autre : on lui perd tout, on lui égare tout ; *il demande ses gants, qu'il a dans ses mains, semblable à cette femme qui prenait le temps de demander son masque lorsqu'elle l'avait sur son visage.* Il entre à l'appartement, et passe sous un lustre où sa perruque s'accroche et demeure suspendue : tous les courtisans regardent et rient ; Ménalque regarde aussi et rit plus haut que les autres, il cherche des yeux dans toute l'assemblée où est celui qui montre ses oreilles, et à qui il manque une perruque.

▶ **Choisissez et analysez une de ces anecdotes qui vous paraît particulièrement significative de l'intensité de la distraction de Ménalque.**
▶ **Par quels moyens d'écriture La Bruyère rend-il comique les situations évoquées ?**

Jeu d'écriture

▶ À la manière de La Bruyère, rédigez la caricature du gourmand ou du paresseux.

La Bruyère, fidèle à l'idéal de l'honnête homme du XVIIe siècle, critique donc les excès, et ici en particulier une attitude extravagante. Il multiplie dans ce portrait les manifestations de la folie du

---

1. Limon : brancard.
2. Ais : planche de bois.

personnage, forçant le trait jusqu'à la caricature. C'est le type même du portrait-charge qui est ici défini, et qui sera exploité dans le genre romanesque, par Balzac par exemple. Ce dernier s'attache à décrire en particulier les personnages qu'anime une passion pour un objet unique : les êtres monomaniaques, qui portent sur leur corps les stigmates de leur obsession.

Les Illusions perdues (1844)
Balzac

Au début de ce roman, le narrateur brosse le portrait de Jérôme-Nicolas Séchard, un imprimeur de province qui ne sait ni lire ni écrire, avare et de surcroît ivrogne.

Sa passion laissait sur sa physionomie oursine des marques qui la rendaient originale : son nez avait pris le développement et la forme d'un A majuscule corps de triple canon, ses deux joues veinées ressemblaient à ces feuilles de vigne pleines de gibbosités violettes, purpurines et souvent panachées ; vous eussiez dit d'une truffe monstrueuse enveloppée par les pampres de l'automne. Cachés sous deux gros sourcils pareils à deux buissons chargés de neige, ses petits yeux gris, où pétillait la ruse d'une avarice qui tuait tout en lui, même la paternité, conservaient leur esprit jusque dans l'ivresse. Sa tête chauve et découronnée, mais ceinte de cheveux grisonnants qui frisottaient encore, rappelait à l'imagination les Cordeliers des Contes de La Fontaine. Il était court et ventru comme beaucoup de ces vieux lampions qui consomment plus d'huile que de mèche ; car les excès en toute chose poussent le corps dans la voie qui lui est propre. L'ivrognerie, comme l'étude, engraisse encore l'homme gras et maigrit l'homme maigre.

- Relevez les champs lexicaux des formes et des couleurs qui donnent à ce portrait une valeur picturale.
- Relevez et analysez les images employées, métaphores, comparaisons, qui forcent le trait jusqu'à la caricature.
- Relevez la formule qui correspond à la justification de l'utilisation de la caricature par un écrivain réaliste.

Têtes grotesques
Léonard de Vinci

Quand Léonard de Vinci dessine des têtes grotesques, il s'agit moins de fustiger les travers de l'humanité que de s'interroger sur sa nature. Qu'est-ce qu'un homme ? L'humanité est constamment menacée par l'animalité et cela se voit. La monstruosité est à la portée de l'artiste qui en forçant à peine le trait exécute des portraits charges, qui ont tout d'une caricature.

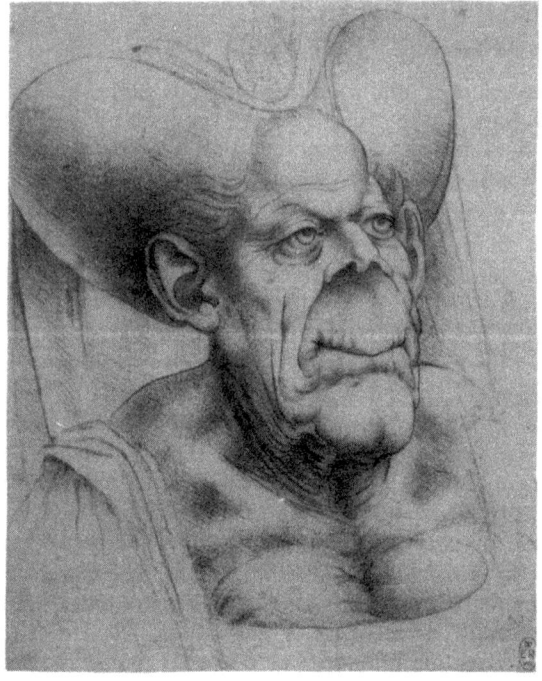

Proust, grand admirateur de Balzac dont il partage l'acuité d'entomologiste, se révèle un caricaturiste de génie notamment dans *Du côté de chez Swann*, où il nous faire rire de personnages issus d'un milieu dont il est lui-même familier. On voit là qu'il n'est pas possible de faire la caricature de ce qu'on ne connaît pas, car c'est la connaissance qui permet de juger des extravagances.

Du côté de chez Swann (1913),
À la recherche du temps perdu
Proust

La caricature de l'amabilité

Dans cet extrait, le narrateur décrit avec minutie un milieu bourgeois aux prétentions aristocratiques. En observant scrupuleusement les comportements, il met au jour un monde vaniteux, creux et parfois cruel. Les personnages sont exposés à une lumière crue et l'on sent chez le narrateur le plaisir de remettre les gens comme Madame Verdurin à leur place : elle n'est pas la femme merveilleuse qui règne sur son salon, mais une femme grotesque qui sous l'apparence d'une sainte vouée aux règles strictes de l'amabilité, se montre stupide.

De ce poste élevé elle participait avec entrain à la conversation des fidèles et s'égayait de leurs « fumisteries », mais depuis l'accident qui était arrivé à sa mâchoire, elle avait renoncé à prendre la peine de pouffer effectivement et se livrait à la place à une mimique conventionnelle qui signifiait, sans fatigue ni risques pour elle, qu'elle riait aux larmes. Au moindre mot que lâchait un habitué contre un ennuyeux ou contre un ancien habitué rejeté au camp des ennuyeux — et pour le plus grand désespoir de M. Verdurin qui avait eu longtemps la prétention d'être aussi aimable que sa femme, mais qui riant pour de bon s'essoufflait vite et avait été distancé et vaincu par cette ruse d'une incessante et fictive hilarité — elle poussait un petit cri, fermait entièrement ses yeux d'oiseau qu'une taie commençait à voiler, et brusquement, comme si elle n'eût eu que le temps de cacher un spectacle indécent ou de parer à un accès mortel, plongeant sa figure dans ses mains qui la recouvraient et n'en laissaient plus rien voir, elle avait l'air de s'efforcer de réprimer, d'anéantir un rire qui, si elle s'y fût abandonnée, l'eût conduite à l'évanouissement. Telle, étourdie par la gaîté des fidèles, ivre de camaraderie, de médisance et d'assentiment, Mme Verdurin, juchée sur son perchoir, pareille à un oiseau dont on eût trempé le colifichet[1] dans du vin chaud, sanglotait d'amabilité.

---

1. Biscuit pour les oiseaux.

- Étudiez la comparaison de Madame Verdurin avec un oiseau. Que laisse entendre cette image ?
- Relevez les hyperboles qui servent à décrire la mimique de Madame Verdurin.
- Analysez la longue phrase complexe qui décrit cette mimique. En quoi mime-t-elle les efforts qu'elle nécessite ?

Si Marcel Proust décrit magistralement le salon de Madame Verdurin, Albert Cohen dans son roman *Belle du Seigneur* recourt à la caricature pour montrer à travers des personnages hauts en couleur les dysfonctionnements des hauts fonctionnaires de la Société des Nations. Un trait incisif et rapide permet de camper des attitudes, des comportements et de retenir quelques caractéristiques physiques : « Bayadère[1] obèse aux lunettes d'épaisse écaille, sonnaillante de bracelets et de camées, poétesse et trente ans auparavant initiatrice d'un jeune roi timide, la déléguée bulgare exhalant des parfums repoussants, citant le supplément d'âme de Bergson[2], puis insistait, mamelles roulantes, auprès du délégué grec qu'elle tenait par un bouton du veston pour mieux le convaincre. ». Il permet également de glisser sur l'essentiel c'est-à-dire ce pourquoi sont rassemblés diplomates et journalistes : les grandes affaires politiques de ce monde.

➤ La caricature de l'idée que l'on se fait du génie

Léonard est un génie
De Groot, Turk

On a tendance à croire que le génie est celui qui invente, crée tout à partir de rien. Dans *Léonard est un génie*, Léonard parvient constamment à mettre au point des inventions à partir d'observations simples, d'expériences ratées, de rencontres imprévues. À celui qui veut lui présenter sa sœur sans emploi, il répond que son disciple lui suffit amplement et refuse violemment

---

1. Bayadère : danseuse et chanteuse indienne.
2. Philosophe français, auteur d'un ouvrage sur *Le Rire*.

et catégoriquement cette proposition. Pourtant la sœur se présente et Léonard jette sur elle un œil intéressé...

Léonard est un génie, © Éditions du Lombard, par Turk et De Groot.

▶ En quoi Léonard est-il un génie ?
▶ À quoi tient le comique de cette situation ?

II. Le comique de la parodie*
L'art de la transposition d'un texte, d'un genre ou d'un style

Le comique est suscité par le regard que nous portons sur les effets de décalage entre ce que devraient être les choses et ce qu'elles sont. Nous avons vu comment le rire met à l'index les écarts par rapport à la norme sociale, ou encore sanctionne le mauvais fonctionnement d'une société.

Nous observons ici un second niveau d'écart, cette fois-ci par rapport à une forme d'écriture. Le comique naît alors de la reprise parodique d'un style ou d'un genre. C'est donc autour de la notion de parodie, confrontée au pastiche, au burlesque ou encore à l'héroï-comique, que nous envisageons cette transposition ludique.

A. Qu'est-ce que l'écriture parodique ?

1. L'étymologie du mot nous renseigne d'abord

Cette notion est tout entière centrée autour du thème du décalage : c'est, étymologiquement, un « chant à côté » (du grec *para*, à côté, et *odè*, chant) : elle se construit donc entièrement en référence à un genre, un style, une œuvre. Comme le dit Gérard Genette, « C'est le fait de chanter à côté, donc de chanter faux, ou dans une autre voix, en contre-chant — en contrepoint —, ou encore de chanter dans un autre ton : déformer, donc, ou transposer une mélodie[1]. ». À travers la parodie, nous découvrons alors une notion capitale pour l'analyse du comique : la « transtextualité », terme employé par Genette pour désigner le réseau de relations, manifestes ou secrètes, qu'un texte entretient avec d'autres[2].

2. Que nous apprend l'histoire du terme « parodie » ?

On trouve le mot dans la *Poétique* d'Aristote, avec le sens suivant : faire une parodie, c'est détourner un texte de sa signification première, d'abord à l'oral, en le récitant d'une manière particulière, puis à l'écrit semble-t-il, en intervenant sur le texte lui-même. La parodie est ici la transposition directe d'un texte, et Aristote donne ainsi l'exemple d'une anti-épopée*, parodiant l'*Iliade*. La naissance du mot nous renseigne donc sur les caractéristiques fondamentales de la parodie : **œuvre d'imitation**, elle se distingue par son intention comique, puisqu'elle donne lieu à **une dégradation du solennel et du sérieux**. Mais cette définition initiale du terme parodie est à préciser, car elle regroupe plusieurs formes : il s'agit d'une part de la reprise du texte épique détourné vers une signification comique, d'autre part de la transposition d'un texte noble dans un style vulgaire, mais aussi de l'application d'un style noble à un sujet vulgaire.

Il faut attendre le XVIIIe siècle pour en trouver une définition précise dans *Tropes*, le grand traité rhétorique de Dumarsais. La parodie y est présentée comme « un poème composé à l'imitation d'un autre », où l'on « détourne dans un sens railleur des vers qu'un autre a faits dans une vue différente ». Cela suppose que l'on garde toujours à l'esprit le texte original objet de la parodie, puisque c'est le contraste entre les deux qui en constitue le côté plaisant. La parodie suscite ainsi une double lecture, qui reconnaît

---

1. Genette, *Palimpsestes*, Seuil, 1982, p. 20.
2. *Ibid.*, p. 7.

un texte que l'on cite en le détournant, ou encore dont on exagère les procédés.

3. Quelles sont les fonctions de la parodie ?

Le premier objectif est de l'ordre du **divertissement** : il s'agit de rire d'un texte qui se trouve extrait du cadre qui lui convient pour se trouver plongé dans une atmosphère qui lui est contraire, la rencontre entre les deux univers créant le comique.

Mais au-delà du rire, la parodie des genres dits sérieux se veut **remise en cause d'un ordre établi**, ordre avant tout littéraire, mais qui incarne les valeurs d'une société. Parodier la tragédie, l'épopée ou les discours de réception à l'Académie Française, c'est donc se moquer de l'idéologie qui sous-tend ces œuvres.

Enfin, cette démarche critique se veut aussi constructive : la parodie vise souvent les excès des genres littéraires trop figés, et par ce biais, elle témoigne d'une volonté de **renouvellement** face à un ordre qui a cessé d'être créatif.

4. Quel rapport au référent ?

L'écriture parodique implique nécessairement la connaissance du texte parodié, mais à des degrés divers. Soit il est absolument indispensable d'avoir en mémoire le détail de l'œuvre source — comme c'est le cas dans les blasons* et contre-blasons — soit il suffit d'une connaissance plus diffuse de l'esprit de l'œuvre pour en apprécier la portée comique, c'est-à-dire l'écart entre les deux écrits.

Nous avons défini ici rapidement ce que pouvait être l'ordre parodique. Il va sans dire qu'il prend des formes très variées selon l'époque, selon les intentions de l'auteur (qui souhaite simplement divertir ou vertement dénoncer) ou selon le type de détournement à l'œuvre. Les différentes formes de la démarche parodique se déclinent selon un ensemble de termes parfois difficiles à définir et à distinguer.

B. Variations autour de l'écart parodique : pastiche, parodie, burlesque, héroï-comique

L'histoire littéraire s'est efforcée de les définir.

1. Le pastiche

Cette pratique d'écriture consiste à imiter, dans une intention ludique, un texte source tiré de l'œuvre d'un écrivain reconnu. On parle de pastiche lorsque l'imitation, aisément identifiable, porte sur le style. Mais il ne s'agit pas d'un faux littéraire, puisque le pasticheur se présente comme tel. C'est une sorte de contrat entre l'auteur du pastiche et son lecteur : le pasticheur et le pastiché sont identifiés ou aisément identifiables. Le pastiche est donc pour une part un hommage à l'auteur pastiché. Cependant, les effets de décalage entre le modèle et son pastiche produisent presque toujours une distance ironique soulignée par la présence d'éléments discordants, ou par la concentration excessive des traits stylistiques.

La frontière est ici mince entre pastiche et parodie. Cette forme parodique se distingue néanmoins de la parodie à proprement parler, puisque **le pastiche joue avant tout sur l'imitation,** alors que **la parodie joue plutôt sur la transformation,** comme le précise Gérard Genette. Par ailleurs, les deux procédés se distinguent aussi par leurs objectifs : le pastiche est une imitation en régime ludique dont la fonction dominante est de divertir, alors que la parodie est plus critique.

➤ Un exemple de pastiche : Reboux et Muller pastichant La Fontaine (1910)

Si le pastiche est avant tout divertissement, il conduit vite à souligner des procédés d'écriture dont la répétition fait rire : c'est alors un pastiche satirique. C'est l'exercice auquel se livrent Reboux et Muller à propos des fables de La Fontaine, entre autres « Les animaux malades de la Peste ». En ce début de XXe siècle, le pastiche est un genre très pratiqué, en particulier par Proust, mais aussi par beaucoup d'autres auteurs, qui apprécient cette façon de rendre hommage à un écrivain célèbre tout en maintenant une distance à son égard.

L'Anglois et les rieurs
Aux railleurs, il est bon de ne se fier point.
Un anglois commit cette faute.
Combien de nous sont anglois en ce point !

   Depuis peu, notre homme étoit l'hoste
   D'une auberge où maints persifleurs
   Tenoient leurs bureaux de malice.

« Hé quoy, Mylord ! D'où vient donc que pâlisse
Votre visage aux riantes couleurs ? »
Dirent soudain l'un, puis l'autre compère,
   À l'insulaire.

Et d'ajouter : « Un mal qui répand la terreur
Nous marque depuis peu la céleste fureur.
   En auriez-vous subi l'atteinte ? »

2. La parodie

Comme le pastiche, elle présente un texte qui s'appuie sur un discours premier pour le détourner. Cependant, à la différence du pastiche, pure imitation, la parodie utilise le discours d'autrui pour exprimer ses propres orientations : **elle déforme le texte souche pour y installer ses intentions satiriques et critiques.** Il peut s'agir d'une simple « citation parodique » dans les cas où seul un petit passage du texte est mis en cause, soit d'une parodie intégrale quand c'est un ensemble conséquent, voire toute l'œuvre qui sont concernés. Dans les deux cas, il s'agit de rendre sensible, dans un énoncé plaisant, une œuvre qui se prend au sérieux, de manière à se moquer de cette dernière. La parodie est donc une sorte de retournement, de transposition d'un texte premier au service d'une intention plaisante.

Ceci suppose une **complicité du lecteur**, qui saisit la conformité par rapport à un texte source, et est conscient du jeu de dégradation de cet énoncé noble ou sérieux. Le lecteur doit être à même de repérer deux niveaux de lecture. C'est particulièrement clair dans le cas de la citation parodique : il doit identifier le glissement de sens qui affecte le texte sérieux lorsqu'il est inséré dans un contexte qui ne lui convient pas. Ce mécanisme est très net dans *À la recherche du temps perdu*, lorsque les extraits de tragédies raciniennes prennent un tour comique par leur application aux grooms du grand hôtel de Balbec. C'est le changement de registres qui alerte ici le lecteur, et lui permet de prendre la mesure de l'écart parodique. Ainsi, le narrateur donne la parole à un jeune serviteur, que l'on interroge sur ses fonctions. Il répond par ce vers d'*Athalie* :

« Je vois l'ordre pompeux de ces cérémonies ».

Le texte parodique prend donc une distance critique face au texte parodié. La parodie est créatrice au sens où elle s'appuie sur l'énoncé précédent pour créer du nouveau. Elle se rattache par là au principe de la création tel qu'il est conçu depuis le Moyen Âge, et tel qu'il est théorisé au XVIIe siècle : il ne s'agit pas de faire preuve d'originalité, mais de s'appuyer sur les écrits des illustres Anciens en les adaptant au goût du public et à son tempérament, son génie littéraire (son *ingenium*), en se les appropriant. La parodie est donc **tout à la fois une dénonciation et une dégradation**

du texte noble, ainsi qu'une forme d'hommage face à une œuvre qui permet la création d'une forme nouvelle.

C'est le cas par exemple du contre-blason, qui se construit à partir de la forme traditionnelle du court poème d'éloge, tout en ridiculisant la rhétorique du blason. L'œuvre parodique ne peut alors être comprise que dans sa relation avec le texte source parodié, et les contre-blasons sont toujours un miroir inversé du blason traditionnel, objet de la parodie.

En voici un exemple, tiré des *Épigrammes* de Marot. Ce poète a lancé la mode du blason à la cour vers 1535. Le blason est un bref poème faisant l'éloge d'une personne, d'une partie du corps, ou d'un autre objet. Très vite apparaissent des contre-blasons, contre-modèles des blasons laudatifs, qui prennent pour cible de laides figures. Les *Épigrammes* de Marot présentent l'avantage de confronter le modèle et sa parodie, à propos du beau et laid tétin par exemple.

 Épigrammes (1535)
Marot

DU BEAU TÉTIN
Tétin refait, plus blanc qu'un œuf,
Tétin de satin blanc tout neuf,
Tétin, qui fais honte à la Rose,
Tétin plus beau que nulle chose,
5 *Tétin dur, non pas tétin voire*[1]*,*
Mais petite boule d'Ivoire,
Au milieu duquel est assise
Une Fraise, ou une Cerise,
Que nul ne voit, ne touche aussi,

DU LAID TÉTIN
Tétin qui n'as rien, que la peau,
Tétin flac[2]*, Tétin de drapeau,*
Grand'Tétine, longue Tétasse,
Tétin, dois-je dire besace ?
5 *Tétin au grand vilain bout noir,*
Comme celui d'un entonnoir,
Tétin qui brimballe à tous coups
Sans être ébranlé, ni secoux[3]*,*

---

1. Voire : vraiment.
2. Flac : flasque.
3. Secoux : secoué.

10 *Mais je gage qu'il est ainsi ;*
    […]

10 *Bien se peut vanter, qui te tâte,*
    D'avoir mis la main à la pâte ;
    Tétin grillé, Tétin pendant,
    Tétin flétri, Tétin rendant
    Vilaine bourbe au lieu de lait,
    Le Diable te fit bien si laid ;
    […]

❱ Montrez comment le vocabulaire qui décrit le « beau tétin » s'oppose à celui qui caractérise le « laid tétin ».
❱ Quels sont les éléments qui vous permettent de dire qu'il s'agit d'une parodie ?

Le contre-blason fait donc partie des formes parodiques qui reprennent un schéma rhétorique connu pour le détourner. Le mécanisme parodique est plus complexe lorsqu'il reprend, non seulement une forme donnée, mais aussi une idéologie face à laquelle il s'agit de prendre une distance. Parodier un genre littéraire, c'est alors aussi dénoncer le système de valeurs qui le sous-tend. S'inscrit dans ce cadre l'éloge paradoxal pratiqué au XVIe siècle : éloge de l'escroc ; *Éloge de la folie* (1511) par le célèbre humaniste Érasme. Le référent est un modèle de discours très codé, détourné par son utilisateur au service de ce qui devrait être blâmé et non loué. De ce genre, il garde l'argumentation positive qui a recours aux procédés de l'encomiastique* — exclamations, hyperboles, juxtapositions et accumulations qui doivent forcer l'admiration de l'auditeur. L'éloge paradoxal que fait Panurge des dettes au début du *Tiers Livre* constitue un véritable morceau de bravoure.

Panurge (« l'habile en tout ») reçoit en cadeau de Pantagruel la châtellenie de Salmigondin ; mais en très peu de temps, il dilapide toutes ses richesses. Ayant peur des reproches de ce prince et ami, il va non seulement justifier ses dépenses, mais faire l'éloge des dettes qu'il présente comme un principe général de la vie et du fonctionnement de l'univers.

 Le Tiers livre, chap. 4, « L'éloge des dettes »
(1546)
Rabelais

Ô le beau mot ! A ce patron[1] figurez notre microcosme, id est[2] petit monde, c'est l'homme, en tous ses membres prêtant, empruntant, devant, c'est-à-dire en son naturel. Car Nature n'a créé l'homme que pour prêter et emprunter [...]. La vie consiste en sang. Sang est le siège de l'âme. Pourtant un seul labeur peine ce monde, c'est forger le sang continuellement. En cette forge sont tous membres en un office[3] propre ; et est leur hiérarchie telle que sans cesse l'un de l'autre emprunte, l'un à l'autre prête, l'un à l'autre est detteur. La matière et le métal convenable pour être en sang transmué, est baillé[4] par nature : pain et vin. [...] Pour icelles[5] trouver, préparer et cuire, travaillent les mains, cheminent les pieds et portent toute cette machine ; les yeux tout conduisent ; l'appétit en l'orifice de l'estomac moyennant un peu de mélancolie[6] aigrette, qui lui est transmise de la ratelle[7], admoneste[8] d'enfourner la viande[9]. La langue en fait l'essai, les dents la mâchent l'estomac la reçoit, digère et chylifie. Les veines mésaraïques en sucent ce qui est bon et idoine[10] ; délaissent les excréments, lesquels par vertu expulsive sont vidés hors par exprès conduits, puis la portent au foie ; il la transmue derechef, et en fait sang.[...]
Vertu guoy ? Je me noye, je me perds, je m'égare, quand j'entre au profond abîme de ce monde ainsi prêtant, ainsi

---

1. Patron : modèle.
2. *Id est* : c'est-à-dire.
3. Office : fonction.
4. Baillé : fourni.
5. Icelles : celles-ci.
6. Mélancolie : bile.
7. Ratelle : rate.
8. Admoneste : avertit.
9. Viande : nourriture.
10. Idoine : approprié.

devant. Croyez que chose divine est prêter, devoir est vertu héroïque.

- Quels procédés de style sont employés pour faire l'éloge d'un monde où l'on prête et l'on doit ?
- Relevez une formule qui vous paraît définir le principe vital. Quelle est l'activité privilégiée sur laquelle s'appuie Panurge pour faire sa démonstration ?
- Quel est l'effet du discours sur Panurge lui-même ?

Ce discours parodique a inspiré Molière pour le personnage de Sganarelle dans *Dom Juan*. Le détournement de la rhétorique se fait par un valet qui voudrait à l'instar de son maître bien savoir manipuler les autres avec de beaux discours. Dès la première tirade de la pièce, Sganarelle fait l'éloge parodique du tabac pour impressionner Gusman, le valet d'Elvire. À l'acte III de la scène 1, il veut convaincre son maître impie qu'il y a bien un Dieu et lui fait l'éloge de la création pour montrer l'harmonie du macrocosme. Il énumère ensuite les parties de cette admirable machine, ce microcosme qu'est le corps humain. Et pris dans le tourbillon de sa démonstration, Sganarelle va tomber par terre, faisant personnellement les frais de l'éloge. Et Don Juan de conclure, soulignant la dimension parodique de cet éloge inefficace : « Bon ! voilà ton raisonnement qui a le nez cassé ».

Nous voilà donc face à un raisonnement parodique, qui use des mêmes principes que les syllogismes* fallacieux. En associant la raison et la fausseté, ils conduisent à des conclusions bien surprenantes. C'est le cas du sophisme* où une conclusion est tirée de deux propositions incompatibles :

Tous les chats sont mortels.
Or Socrate est mortel.
Donc Socrate est un chat.

Rabelais s'est donc servi d'une rhétorique traditionnelle pour exprimer, en la parodiant, ses propres idéaux humanistes. *Don Quichotte* procède d'une même intention, puisque Cervantès parodie les romans de chevalerie pour montrer les travers de l'idéalisme aveugle aux réalités.

 Don Quichotte de la Manche (1605-1615)
Cervantès

Don Quichotte met en scène un « chevalier à la triste figure », passionné de romans de chevalerie, qui va au-devant des aventures pour se donner l'occasion d'imiter les exploits de ses héros favoris. Mais le monde prosaïque qu'il traverse ne lui permet pas d'exprimer ses rêves idéalistes, et le rire parodique vient sanctionner ses échecs répétés. L'écriture parodique se manifeste ici comme souvent sous la forme de la citation détournée : la scène classique de la rencontre chevaleresque est citée hors du contexte approprié, et, confrontée à une réalité triviale, elle devient ridicule.

Il y avait par hasard devant la porte deux jeunes créatures, de celles qu'on appelle femmes de bonne volonté. Elles allaient à Séville avec des muletiers, lesquels s'étaient résolus à s'arrêter en l'hôtellerie pour la nuit. Comme tout ce que pensait, voyait ou imaginait notre aventurier lui paraissait conforme à tout ce qu'il avait lu, il n'eut pas plutôt aperçu l'hôtellerie, qu'il se la représenta comme un château, avec ses quatre tours et leur couronnement brillant d'argent, sans oublier le pont-levis, les fossés, et tout ce qui entre dans la description de ces sortes de châteaux. Il s'approcha de cette hôtellerie qui lui paraissait un château, et à quelques pas retint la bride à Rossinante[1], attendant que quelque nain se montrât aux créneaux et sonnât du cor pour avertir qu'il arrivait un chevalier ; mais comme il vit que le nain tardait trop à paraître, et que Rossinante avait impatience d'être à l'écurie, il s'avança jusqu'à la porte, où il vit les deux jeunes filles dont nous avons parlé, qui lui parurent deux belles demoiselles ou gracieuses dames

---

1. Rossinante : sa jument.

se récréant[1] devant la porte du château. Il arriva même fort à propos qu'un porcher qui rassemblait des cochons (il faut bien les nommer par leur nom) sonna deux ou trois fois de son cornet. Don Quichotte ne manqua pas de se persuader à l'instant, comme il l'avait désiré, que c'était un nain qui donnait avis de sa venue. Aussitôt, avec une joie qu'on ne saurait exprimer, il s'approcha de la porte et des dames ; celles-ci, voyant un homme armé de la sorte, avec le bouclier et la lance, voulaient se retirer, saisies de frayeur, dans l'hôtellerie. Mais Don Quichotte, jugeant de leur frayeur par leur fuite, haussa sa visière de carton et, découvrant son sec et poudreux visage, leur dit d'une voix douce et d'un air gracieux : Ne fuyez point, mesdemoiselles, vous n'avez rien à craindre ; l'ordre de chevalerie dont je fais profession, me défend d'offenser personne, et moins encore de hautes demoiselles telles que vous annoncez être. Elles le regardaient et cherchaient de tous leurs yeux à découvrir la figure que la mauvaise visière laissait à peine apercevoir ; mais quand elles s'entendirent appeler demoiselles, qualité si opposée à leur profession, elles ne purent s'empêcher de rire ; si bien que Don Quichotte s'en offensa et leur dit : La modestie et la discrétion conviennent aux belles, et c'est folie que de rire pour des motifs légers. Je ne dis pas cela pour que vous en conceviez du souci et du chagrin, car je n'ai point d'autre dessein que de vous rendre service. Des propos si nouveaux pour elles, et la grotesque tournure de Don Quichotte, ne faisaient qu'augmenter en elles le rire, et la colère dans le chevalier.

Tome I, chapitre 2.

❱ **Montrez comment deux univers s'opposent lors de la rencontre de don Quichotte et des deux jeunes femmes.**
❱ **Comment perçoit-on la dimension parodique dans le discours de don Quichotte ?**

---

1. Se récréant : prenant du repos.

La parodie, dans *Don Quichotte*, est ainsi un instrument qui est utilisé à deux fins principales : elle permet d'abord de servir l'agrément du lecteur, et par ailleurs, elle participe à l'exposition des idées de l'auteur. Cervantès, en parodiant les romans de chevalerie, s'efforce de transmettre une leçon sur **les impasses de l'idéalisme béat**. Cette démarche parodique est proche de celle qu'adopte Voltaire dans ses contes philosophiques, où il s'agit de distraire pour mieux faire passer un message.

C'est le cas dans *Candide ou l'optimisme*, qui emprunte à toutes les traditions du conte, du roman et du théâtre pour mettre en scène les idées philosophiques de Voltaire. Cependant, pour mettre au jour sa morale désenchantée et son scepticisme face aux aberrations des hommes, Voltaire choisit d'introduire tous ces genres littéraires en adoptant une distance parodique donc critique à leur égard.

Candide (1759)
Voltaire

Le premier chapitre de *Candide* est intitulé « Comment Candide fut élevé dans un beau château et comment il fut chassé d'icelui ». Le conte s'ouvre sur une présentation caricaturale d'une demeure seigneuriale allemande et dresse une galerie de portraits de ses occupants. Ce passage s'appuie sur un double référent : le romanesque tel qu'il se présente au XVIIIe siècle, dans une foule de petits romans sentimentaux dont les femmes sont friandes, et les Saintes Écritures, en particulier le récit de la Chute dans le livre de la Genèse, où Adam et Eve sont chassés du Paradis Terrestre.

Un jour, Cunégonde, en se promenant auprès du château, dans le petit bois qu'on appelait parc, vit entre des broussailles le docteur Pangloss qui donnait une leçon de physique expérimentale à la femme de chambre de sa mère, petite brune très jolie et très docile. Comme mademoiselle Cunégonde avait beaucoup de disposition pour les sciences, elle observa, sans souffler, les expériences réitérées dont elle fut témoin ; elle vit clairement la raison suffisante du docteur, les effets et les causes, et s'en retourna tout agitée, toute

Le comique de la parodie

pensive, toute remplie du désir d'être savante, songeant qu'elle pourrait bien être la raison suffisante du jeune Candide, qui pouvait aussi être la sienne.
Elle rencontra Candide en revenant au château, et rougit ; Candide rougit aussi ; elle lui dit bonjour d'une voix entrecoupée, et Candide lui parla sans savoir ce qu'il disait. Le lendemain, après le dîner, comme on sortait de table, Cunégonde et Candide se trouvèrent derrière un paravent ; Cunégonde laissa tomber son mouchoir, Candide le ramassa ; elle lui prit innocemment la main ; le jeune homme baisa innocemment la main de la jeune demoiselle avec une vivacité, une sensibilité, une grâce toute particulière ; leurs bouches se rencontrèrent, leurs yeux s'enflammèrent, leurs genoux tremblèrent, leurs mains s'égarèrent. Monsieur le baron de Thunder-ten-tronckh passa auprès du paravent, et, voyant cette cause et cet effet, chassa Candide du château à grands coups de pied dans le derrière ; Cunégonde s'évanouit : elle fut souffletée par madame la baronne dès qu'elle fut revenue à elle-même ; et tout fut consterné dans le plus beau et le plus agréable des châteaux possibles.

Chapitre 1.

- **Relevez tous les clichés de la rencontre amoureuse (émotions, gestes, attitudes, accessoires) qui font de ce passage une parodie du roman sentimental.**
- **Étudiez comment est transposé le récit de la Genèse biblique dans cette page. Identifiez chaque élément.**

Il s'agit bien là d'une dégradation d'un genre déjà galvaudé, le roman à l'eau de rose, ainsi que d'une parodie amusante d'une histoire archétypale, avec la tentation, la transgression d'un interdit et la punition.

C'est donc dans cette page de *Candide* la thématique et la structure générique des textes sources qui sont visées. Mais le comique de la parodie peut aussi explorer toutes les formes que prend l'insertion d'un énoncé référent. Ainsi, le décalage parodique utilise parfois **le procédé de la citation directe d'un texte, peu ou pas du tout transformé.** On perçoit alors très nettement le processus du détournement parodique : de fait, la citation conserve souvent intacte la lettre du texte source, pour mieux permettre un détournement de son sens.

Sodome et Gomorrhe (1922),
À la recherche du temps perdu
Proust

C'est souvent le cas dans *À la recherche du temps perdu*, où Proust prend un plaisir tout particulier à mettre en parallèle les situations des tragédies raciniennes et la vie quotidienne du début du siècle. Le rapprochement inattendu entre deux mondes que rien ne rassemble apparemment fait naître le comique et suscite un point de vue incisif sur le jeu social à l'œuvre au grand hôtel de Balbec. Le ballet de la domesticité surabondante donne ici à Proust l'occasion de porter un regard amusé sur cette sorte de cour princière qu'est l'hôtel de luxe.

En bas, c'était l'élément masculin qui dominait et faisait de cet hôtel, à cause de l'extrême et oisive jeunesse des serviteurs, comme une sorte de tragédie judéo-chrétienne ayant pris corps et perpétuellement représentée. Aussi ne pouvais-je m'empêcher de me dire à moi-même, en les voyant, non certes les vers de Racine qui m'étaient venus à l'esprit chez la princesse de Guermantes tandis que M. de Vaugoubert regardait de jeunes secrétaires d'ambassade saluant M. de Charlus, mais d'autres vers de Racine, cette fois-ci non plus d'Esther, mais d'Athalie : car dès le hall, ce qu'au XVIIe siècle on appelait les portiques, « un peuple florissant » de jeunes chasseurs se tenait, surtout à l'heure du goûter, comme les jeunes Israélites des chœurs de Racine. Mais je ne crois pas qu'un seul eût pu fournir même la vague réponse que Joas trouve pour Athalie quand celle-ci demande au prince enfant : « Quel est donc votre emploi ? » car ils n'en avaient aucun. Tout au plus, si l'on avait demandé à n'importe lequel d'entre eux, comme la vieille Reine :
— « Mais tout ce peuple enfermé dans ce lieu,
À quoi s'occupe-t-il ? »

aurait-il pu dire :
— « Je vois l'ordre pompeux de ces cérémonies
et j'y contribue. » Parfois un des jeunes figurants allait vers quelque personnage plus important, puis cette jeune beauté rentrait dans le chœur, et, à moins que ce ne fût l'instant d'une détente contemplative, tous entrelaçaient leurs évolutions inutiles, respectueuses, décoratives et quotidiennes. Car, sauf leur « jour de sortie », « loin du monde élevé » et ne franchissant pas le parvis, ils menaient la même existence ecclésiastique que les lévites dans Athalie, et devant cette « troupe jeune et fidèle » jouant aux pieds des degrés couverts de tapis magnifiques, je pouvais me demander si je pénétrais dans le grand hôtel de Balbec ou dans le temple de Salomon.

- Comment sont insérées les références aux tragédies de Racine ? Observez les différentes formes que prend la référence aux textes tragiques.
- Pourquoi peut-on dire que le sens des vers est détourné ?
- Donnez trois exemples d'écart parodique, et dégagez leur portée comique.

Dans *À la recherche du temps perdu,* la tragédie racinienne est donc citée textuellement pour mieux être détournée. Le texte parodié peut cependant être convoqué d'une autre manière : non pas en gardant uniquement la lettre pour en déformer la signification, mais au contraire, en se jouant de la forme et des significations qui lui sont attachées. Le genre du conte favorise ce type de retournement. Il suscite au XXe siècle des imitations et parodies savoureuses, des relectures ironiques et amusées. Les auteurs contemporains ont en effet voulu réagir contre cette sorte de littérature moralisante à vocation didactique*. Ils l'ont fait en grossissant les procédés, en détournant les valeurs, en pervertissant la morale et l'idéologie qui informaient les contes. Ainsi, dans le tome 2 de *Rubrique à brac,* Gotlib s'amuse de l'obstination du Petit Poucet à vouloir retrouver ses parents, et fait référence directement à Sade. Le dessin animé de Tex Avery, intitulé *Le Grand Méchant Loup* dévoile les pulsions érotiques sous-jacentes dans le conte. Cami parodie également le célèbre conte de Perrault, et met au jour les mécanismes à l'œuvre en l'inscrivant dans le théâtre de l'absurde.

La parodie dérègle ici la machine du conte.

3. Le burlesque

Ce genre est une forme particulière de l'écart parodique. Il naît en Italie au début du XVIIe siècle, en pleine époque baroque*, avant de se répandre en Europe. Il s'agit bien d'une création de ce siècle, et cette pratique parodique semble inconnue de l'Antiquité et du Moyen Âge. Il s'agit au départ de la réécriture en octosyllabes et en langue vulgaire d'un texte épique, tel que le fait Scarron, travestissant l'*Énéide* dans son *Virgile travesti* en 1649. Cet ouvrage connaît un grand succès, et détermine aussitôt une vague d'imitations, qui reprennent des principes identiques. Ce que l'on nomme alors le travestissement burlesque consiste dans la **réécriture d'un texte noble** en conservant son contenu fondamental et son mouvement, mais en lui imposant un tout autre style.

Virgile travesti (1649)
Scarron

C'est ainsi que Scarron travestit l'*Énéide* au sens burlesque en la réécrivant en octosyllabes, petits vers familiers (opposés aux hexamètres latins), et en transposant le style noble, *gravis*, du récit de Virgile en un style familier, voire vulgaire. Ceci implique de transposer et de substituer à certains détails virgiliens d'autres plus vulgaires et modernes, créant ainsi des anachronismes.

Voici un passage connu de l'*Énéide* où Didon pose mille et une questions à Énée sur la guerre de Troie, à la fin du Livre I.

La malheureuse Didon prolongeait dans la nuit et variait ses entretiens avec Énée et buvait l'amour à grands traits : elle avait tant de questions à poser sur Priam et sur Hector ! Et quelles armes portait le fils de l'Aurore ? Et ce qu'étaient les chevaux de Diomède ? Et le grand Achille, comment était-il[1] ?

Scarron transpose ce passage de la manière suivante :

Cependant la Didon se pique
De son hôte de plus en plus :
Par de longs discours superflus
Elle le retient auprès d'elle.
5   *Elle se brûle à la chandelle.*
L'autre, avec toute sa raison,
Sent aussi quelque échauffaison,
Et monsieur, ainsi que madame,
A bien du désordre dans l'âme.
10 *Elle lui fait cent questions*
Sur Priam, sur les actions
D'Hector, tant que dura le siège,
Si dame Hélène avait du liège,
De quel fard elle se servait,
15 *Combien de dents Hécube avait,*
Si Pâris était bel homme,
Si cette malheureuse pomme
Qui ce pauvre prince a perdu
Était reinette ou capendu,
20 *Si Memnon, le fils de l'Aurore,*
Était de la couleur d'un Maure,
Qui fut son cruel assassin,
S'ils moururent tous du farcin
Les bons chevaux de Diomède,
25 *Qu'elle y savait un bon remède,*
Si voyant Patroclus mort,
Achille s'affligea bien fort
S'il fut mis à mort par cautelle.

▶ **Observez de quelle manière il y a une amplification* du propos dans le texte de Scarron par rapport à Virgile.**

---

1. Traduction Bellessort, *Les Belles Lettres*, 1948.

> ❱ Relevez et justifiez les éléments qui provoquent le rire ou le sourire par le principe du décalage.

Les objectifs du burlesque sont ici multiples.

- D'une part, il s'agit ici de **familiariser un texte** virgilien qu'éloigne du lecteur sa grandeur épique, de la traduire d'une certaine manière, de l'actualiser.
- D'autre part, en introduisant une « disconvenance » entre le style et le sujet, comme le dit Perrault, il s'agit de **faire rire d'un procédé de décalage** et de choquer « la chronologie, l'histoire, la vraisemblance, la bienséance et même la raison et le sens commun[1] ». Le comique naît de l'excentricité de ces multiples mésalliances.
- **Enfin, le burlesque vise à remettre en cause un ordre littéraire et social,** incarné ici par le respect des Anciens et des bienséances. Mais cette remise en cause est créatrice. Si le burlesque est, pour Boileau, le « parnasse qui parle le langage des halles », le style bas et plaisant n'a rien de celui des halles, et il est le résultat d'une transposition savante et profanatrice du style grave en un style mêlé et impertinent.

Si le burlesque s'empare des textes des Anciens qui font autorité, il propose aussi un travestissement des textes contemporains lorsqu'ils se situent dans un registre noble, le comique naissant une fois de plus de l'écart entre une œuvre sérieuse et sa parodie légère.

L'exemple canonique de ce travestissement burlesque est sans doute la transposition comique du *Cid* que proposent Boileau et Racine, à travers une œuvre intitulée *Le Chapelain décoiffé*. Observons par exemple ces quatre vers du *Cid* (I, 4) :

---

1. Furetière.

Le Chapelain décoiffé (1664)
Boileau et Racine

Ô rage ! ô désespoir ! O vieillesse ennemie !
N'ai-je donc tant vécu que pour cette infamie ?
Et ne suis-je blanchi dans les travaux guerriers
Que pour voir en un jour flétrir tant de lauriers ?

Voici comment ils sont transformés par l'entreprise parodique. Don Diègue est devenu un auteur malheureux et moqué, à qui on a arraché sa perruque. Il se lamente :

Ô rage, ô désespoir ! ô perruque ma mie !
N'as-tu donc tant duré que pour tant d'infamie ?
N'as-tu trompé l'espoir de tant de perruquiers
Que pour voir en un jour flétrir tant de lauriers ?

❱ **Montrez comment s'opère le glissement parodique, en relevant les champs lexicaux et en s'interrogeant sur le niveau de langue auquel ils appartiennent.**
❱ **Dans quelle mesure le texte parodique se détache-t-il et se rattache-t-il au texte source ?**

Les remarques des auteurs du *Chapelain décoiffé* dans « L'avis au lecteur » sont d'ailleurs fort intéressantes, puisqu'ils soulignent bien que tout l'intérêt de leur entreprise vient de son rapport avec la pièce de Corneille. La connaissance du texte parodié est donc absolument nécessaire à la perception du comique de la chose.

Si ce genre est particulièrement fécond à l'époque baroque, le burlesque tel qu'il prend forme au XVIIe siècle connaît de multiples réalisations au XVIIIe siècle, entre autres avec l'*Homère travesti* de Marivaux. Le XIXe siècle souscrit toujours à cette forme de travestissement, comme en témoignent les très nombreuses opérettes de la fin du siècle : la célèbre *Belle Hélène* d'Offenbach est très significative de cette tendance où Ménélas est réduit au rang d'insecte par le jeu des répétitions cocasses. Il se présente lui-même comme :

l'é – poux de la reine
poux de la reine
poux de la reine.

4. L'héroï-comique

Le burlesque, forme particulière de l'écriture parodique, se trouve souvent au sein des textes mis en parallèle avec une autre forme de parodie, l'héroï-comique.

Il n'est guère aisé de distinguer ces deux formes parodiques, qui ont en commun de se fonder toutes deux sur **la notion de disconvenance**, chère à Perrault. Il définit ces formes en précisant qu'elles sont toutes les deux comiques car « décalées », « l'une en parlant bassement des choses les plus relevées, et l'autre en parlant magnifiquement des choses les plus basses ». L'héroï-comique consiste donc **à mettre en scène une réalité familière en la parant des attributs de la tragédie, de l'épopée.** On trouve déjà cette forme au VIe siècle av. J.-C., dans *La Guerre des Grenouilles et des Rats*, œuvre grecque qui met en scène les combats de ces animaux, comme s'il s'agissait de héros de l'*Iliade*. On a par exemple la description des armes des héros : pour les grenouilles, jambières en feuilles de mauve, cuirasses en feuilles de bette, boucliers en feuilles de chou, lances de joncs, casques en coquille.

Ce genre est fort représenté au Moyen Âge, et *Le Roman de Renart*, décrivant les animaux comme des héros de roman de chevalerie, s'inscrit tout à fait dans cette veine. On le retrouve tout aussi vivace à la Renaissance, entre autres chez Rabelais, qui donne à l'action de frère Jean des Entommeures une dimension héroï-comique dans *Gargantua*.

Le comique de la parodie

 Gargantua (1532)
Rabelais

La guerre ayant éclaté pour une histoire de vente de galettes (des fouaces) dans la région de Chinon, Picrochole ravage le pays de Grandgousier, père de Gargantua. Ses soldats arrivent à Seuillé, pillant tout sur leur passage et la moitié de l'armée vient s'attaquer à l'abbaye « afin de gâter toute la vendange ». Les moines se contentent de chanter « Ini nim pe ne ne ne ne ne ne, tum ne, num... », c'est-à-dire ne craignez pas l'assaut des ennemis. Le prieur paraît parfaitement incompétent. C'est alors que frère Jean des Entommeures, sentant que la vendange est menacée, se décide à combattre seul. Son ardeur et sa brutalité en font un personnage à contre-emploi dans une parodie épique, c'est un héros comique. La vaillance du moine au combat est comparable à celle des héros des romans de chevalerie ou des chansons de geste, or ici, il s'agit de défendre la vigne de l'abbaye et le vin de la messe.

Frère Jean des Entommeures sauve l'abbaye

Aux uns écrabouillait la cervelle, aux autres rompait bras et jambes, aux autres délochait les spondyles du cou[1], aux autres démoulait les reins[2], avalait le nez, pochait les yeux, fendait les mandibules, enfonçait les dents en la gueule, décroulait les omoplates, sphacelait les grèves[3], dégondait les ischies[4], débezillait les faucilles[5].
Si quelqu'un se voulait cacher entre les ceps plus épais, à icelluy freussait[6] toute l'arête du dos et l'érênait[7] comme un chien. Si aucun sauver se voulait en fuyant, à icelluy faisait voler la tête en pièces par la commissure lambdoide. Si quelqu'un gravait[8] en un arbre, pensant y être en sûreté, icelluy de son bâton empalait par le fondement. Si quelqu'un de sa vieille connaissance lui criait :

---

1. Déboîtait les vertèbres.
2. Disloquait.
3. Couvrait de bleus les jambes.
4. Luxait les jambes.
5. Mettait en pièces les jambes.
6. Brisait.
7. Cassait les reins.
8. Grimpait.

« Ha ! frère Jean, mon ami, frère Jean, je me rends !
— Il t'est (disait-il) bien force ; mais ensemble tu rendras l'âme à tous les diables. »
Et soudain lui donnait dronos[1]. Et, si personne tant fut épris de témérité qu'il lui voulut résister en face, là montrait-il la force de ses muscles, car il leur transperçait la poitrine par la médiastine[2] et par le cœur. À d'autres donnant sur la faute des côtes, leur subvertissait l'estomac, et mouraient soudainement. Aux autres tant fièrement frappait le nombril qu'il leur faisait sortir les tripes. Aux autres parmi les couillons perçait le boyau cullier. Croyez que c'était le plus horrible spectacle qu'on vit onques. [...]
Ainsi, par sa prouesse, furent déconfits tous ceux de l'armée qui étaient entrés dedans le clos, jusqu'au nombre de treize mille six cent vingt et deux, sans les femmes et les petits enfants, cela s'entend toujours.

- ▶ Quels comportements et quelles actions transforment le moine en un vaillant guerrier ?
- ▶ Relevez les verbes d'action et leur complément d'objet direct. À quoi voit-on que Rabelais était aussi un médecin ? Quel est l'effet produit par cette accumulation ?
- ▶ Relevez une expression citée qui évoque directement la chanson de geste.

Paul Scarron entend bien lui aussi « faire raillerie de tout » comme le souligne son contemporain Charles Sorel. Il s'emploie en particulier à ridiculiser les romans précieux*, en imitant les métaphores pompeuses qu'ils proposent. *Le Roman comique* prend en effet le contre-pied des romans idéalistes : il raconte l'histoire d'une troupe de comédiens et insiste sur les aspects réalistes et cocasses des aventures des acteurs ambulants.

---

1. Des coups.
2. Région du thorax.

C'est donc ici le genre romanesque — et plus particulièrement les romans précieux, qui multiplient les références à l'Antiquité dans un style alambiqué — qui est parodié. Mais tous les genres littéraires qui font autorité sont susceptibles d'être transposés par l'écriture héroï-comique. Celle-ci s'empare d'un style noble pour l'appliquer à un cadre où il devient comique car inadapté : de ce fait, apparaît une nouvelle écriture, née du contrepoint entre les deux genres.

 ***Fables*, « Les deux coqs »** (1678)
La Fontaine

Dans ses *Fables*, La Fontaine joue tout particulièrement de l'héroï-comique, qui correspond bien à son goût pour le mélange des genres, qui s'avère au bout du compte créateur. Dans « Les deux coqs », Il fait jeu des références littéraires, des ruptures et des contaminations de style et de tons : de ce fait, sa fable est à la fois un hommage humoristique à l'épopée et le lieu d'une véritable recréation. En effet, cette petite épopée de basse-cour s'inspire d'Homère au tout début, puis de Virgile lorsqu'elle met en scène le coq vaincu (qui fait allusion au taureau vaincu des *Géorgiques*, III, vers 224-241).

Deux Coqs vivaient en paix : une Poule survint,
  Et voilà la guerre allumée.
Amour, tu perdis Troie[1] ; et c'est de toi que vint
  Cette querelle envenimée
5 *Où du sang des Dieux mêmes on vit le Xanthe[2] teint !*
Longtemps entre nos Coqs le combat se maintint.
Le bruit s'en répandit par tout le voisinage :
La gent[3] qui porte crête au spectacle accourut ;
  Plus d'une Hélène au beau plumage
10 *Fut le prix du vainqueur. Le vaincu disparut :*
Il alla se cacher au fond de sa retraite,
  Pleura sa gloire et ses amours,
Ses amours qu'un rival, tout fier de sa défaite,

---

1. C'est l'amour de Pâris et d'Hélène qui provoque la guerre de Troie.
2. Fleuve près de Troie, au bord duquel les dieux Arès et Aphrodite furent blessés.
3. La gent : le peuple, la race.

Possédait à ses yeux. Il voyait tous les jours
15 *Cet objet¹ rallumer sa haine et son courage ;*
Il aiguisait son bec, battait l'air et ses flancs,
   Et, s'exerçant contre les vents
   S'armait d'une jalouse rage.
Il n'en eut pas besoin. Son vainqueur sur les toits
20   *S'alla percher, et chanter sa victoire.*
   Un vautour entendit sa voix :
   Adieu les amours et la gloire ;
Tout cet orgueil périt sous l'ongle du Vautour.
   Enfin, par un fatal retour,
25   *Son rival autour de la Poule*
   S'en revint faire le coquet :
   Je laisse à penser quel caquet,
   Car il eut des femmes en foule.
La Fortune se plaît à faire de ces coups :
30 *Tout vainqueur insolent à sa perte travaille.*
Défions-nous du Sort, et prenons garde à nous
   Après le gain d'une bataille.

▶ **Relevez et expliquez quelles sont les références au genre de l'épopée dans cette fable.**
▶ **Identifiez les ruptures de style à partir d'exemples précis. Comment font-elles naître le comique ?**

Il est donc manifeste ici que l'héroï-comique pastiche un genre, qu'il réinterprète librement, donnant lieu à un texte nouveau, qui synthétise les sources pour trouver une nouvelle cohérence. L'écriture parodique trouve ainsi une certaine autonomie, même s'il est nécessaire d'avoir conscience de l'esprit sinon de la lettre des textes sources pour l'apprécier.

C'est bien le cas par exemple de « la grande histoire du noyer de la terrasse », où Rousseau s'amuse à pasticher le genre noble.

---

1. Cet objet : l'objet aimé, celle qu'il aime.

Les Confessions (1678)
Rousseau

Les Confessions situent ici le jeune Jean-Jacques à Bossey ; en compagnie de son cousin, il se livre à des jeux innocents. Nourri de lecture lors de son séjour au foyer paternel, il entreprend ici d'imiter les travaux des Romains pour irriguer l'arbre que les deux enfants ont entrepris de planter, à l'image de M. Lambercier. Voici comment Rousseau annonce cette histoire : « O vous, lecteurs curieux de la grande histoire du noyer de la terrasse, écoutez-en l'horrible tragédie et vous abstenez de frémir, si vous pouvez. »

Comme notre arbre, nous occupant tout entiers, nous rendait incapables de toute application, de toute étude, que nous étions comme en délire, et que, ne sachant à qui nous en avions, on nous tenait de plus court qu'auparavant, nous vîmes l'instant fatal où l'eau nous allait manquer, et nous nous désolions dans l'attente de voir notre arbre périr de sécheresse. Enfin la nécessité, mère de l'industrie, nous suggéra une invention pour garantir l'arbre et nous d'une mort certaine : ce fut de faire par-dessous terre une rigole qui conduisît secrètement au saule une partie de l'eau dont on arrosait le noyer. Cette entreprise exécutée avec ardeur, ne réussit pourtant pas d'abord. Nous avions si mal pris la pente, que l'eau ne coulait point ; la terre s'éboulait et bouchait la rigole ; l'entrée se remplissait d'ordures ; tout allait de travers. Rien ne nous rebuta : Omnia vincit labor improbus[1]. Nous creusâmes davantage et la terre et notre bassin, pour donner à l'eau son écoulement ; nous coupâmes des fonds de boîtes en petites planches étroites, dont les unes mises de plat à la file, et d'autres posées en angle des deux côtés sur celles-là, nous firent un canal triangulaire pour notre conduit. Nous plantâmes à l'entrée de petits bouts de bois minces et à claire-voie, qui, faisant une espèce de grillage ou de crapaudine, retenaient le limon et les pierres sans boucher le passage à l'eau. Nous recouvrîmes soigneusement notre ouvrage de terre bien foulée ; et le jour où tout fut fait, nous attendîmes dans des transes d'espérance et de crainte l'heure de l'arrosement.

---

1. Le travail acharné vient à bout de tout (Tda).

Après des siècles d'attente, cette heure vint enfin ; M. Lambercier vint aussi à son ordinaire assister à l'opération, durant laquelle nous nous tenions tous deux derrière lui pour cacher notre arbre, auquel très heureusement il tournait le dos.
À peine achevait-on de verser le premier seau d'eau que nous commençâmes d'en voir couler dans notre bassin. À cet aspect la prudence nous abandonna ; nous nous mîmes à pousser des cris de joie qui firent retourner M. Lambercier, et ce fut dommage, car il prenait grand plaisir à voir comment la terre du noyer était bonne et buvait avidement son eau. Frappé de la voir se partager entre deux bassins, il s'écrie à son tour, regarde, aperçoit la friponnerie, se fait brusquement apporter une pioche, donne un coup, fait voler deux ou trois éclats de nos planches, et criant à pleine tête : Un aqueduc ! un aqueduc ! Il frappe de toutes parts des coups impitoyables, dont chacun portait au milieu de nos cœurs. En un moment, les planches, le conduit, le bassin, le saule, tout fut détruit, tout fut labouré, sans qu'il y eût, durant cette expédition terrible, nul autre mot prononcé, sinon l'exclamation qu'il répétait sans cesse. Un aqueduc ! s'écriait-il en brisant tout, un aqueduc ! un aqueduc !
[...] Jusque-là j'avais eu des accès d'orgueil par intervalles quand j'étais Aristide ou Brutus. Ce fut ici mon premier mouvement de vanité bien marquée. Avoir pu construire un aqueduc de nos mains, avoir mis une bouture en concurrence avec un grand arbre, me paraissait le suprême degré de la gloire. À dix ans j'en jugeais mieux que César à trente.

- **Identifiez les passages du texte qui font référence à un genre noble, étranger à la situation narrée.**
- **Identifiez et expliquez les moments de rupture. D'où naît l'effet comique ?**

📖 Invitation à la lecture

Perec, Quel petit vélo à guidon chromé au fond de la cour ? 1966

Dans cet ouvrage, Perec annonce « un récit épique en prose agrémenté d'ornements diversifiés tirés des meilleurs auteurs ». Il s'agit en effet d'une véritable épopée. Une voix collective, « nous », les « potes » d'Henri Pollack, raconte une action qui se présente comme héroïque. En pleine guerre d'Algérie, un jeune militaire des plus ordinaires dont le nom « inoubliable » n'est jamais prononcé sans être écorché (« Karawo... Karatruc... Karadine... Karathoustra... »), ne veut pas partir dans le djebel car il est amoureux. Il va être aidé par tous les amis d'Henri Pollack, ce maréchal des logis qui « enfourchait un pétaradant petit vélomoteur (à guidon chromé) et regagnait à tire d'aile son Montparnasse natal (car il était né à Montparnasse) où que c'est qu'il avait sa bien-aimée, sa piaule, nous ses potes et ses chers bouquins ».

 Jeu d'écriture

▶ Vous ferez l'éloge parodique de la paresse ou du mensonge.

Si la parodie fonctionne à partir d'un dédoublement intertextuel, l'ironie* et l'humour* se caractérisent par un dédoublement du sens. Ils peuvent être appréhendés en termes d'écart par rapport à un énoncé.

III. L'écart par rapport à un énoncé
l'ironie et l'humour

Lorsque l'on se cogne la tête contre un pot et que cela sonne creux, ce n'est pas forcément le pot qui est vide.

Confucius.

Ces deux notions présentent de nombreuses analogies. Mais l'ironie se démarque de l'humour par la visée qu'elle soutient vis-à-vis du monde extérieur et la notion de sérieux qui s'y rattache.

A. L'Ironie

1. Définition, histoire, étymologie

L'ironie correspond à une façon de communiquer ancrée dans une longue tradition occidentale. **Elle consiste à exprimer un énoncé qui doit être entendu comme un autre** et suppose un décodage rapide de la part du destinataire. La parole ironique est présente dans la Bible et en particulier dans le livre de la Genèse, lorsque Dieu chasse l'homme du paradis pour avoir goûté le fruit de l'arbre de la connaissance. Dieu se rit alors d'Adam qui se croit son égal. Sur ce modèle divin, on observe que l'ironiste est en position de supériorité omnisciente, et que c'est lui qui raille et qui rit tandis que l'homme déchiffre le message et pense.

L'étymologie est précieuse pour définir l'ironie puisque le grec « *eirôneia* » signifie **l'action d'interroger en feignant l'igno-**

rance. Ce questionnement est le point de départ essentiel de la philosophie grecque. Pour Socrate, l'ironie fait partie de la stratégie qui vise à placer l'autre, devant son ignorance quand il est un sophiste prétentieux ; devant son savoir oublié ou ignoré quand il est un esclave ignorant. Dans les deux cas l'ironie permet de faire « accoucher » les esprits d'un savoir, ne serait-ce que savoir qu'on ne sait rien. On peut apercevoir dans l'énigme et la devinette des avatars du questionnement ironique, et le plaisir est lié au décryptage d'un savoir secret et caché.

L'ironie est très tôt définie comme une figure de rhétorique qui consiste à dire le contraire de ce que l'on pense. Ainsi Dorine dans *Tartuffe* de Molière dit à Orgon son maître, qui ne s'inquiète que de Tartuffe et non de la santé de sa femme :

Et je vais à Madame annoncer par avance
La part que vous prenez à sa convalescence.

Le procédé principal de l'ironie est donc l'antiphrase*. Voltaire, au chapitre VI de *Candide*, appelle « les sages du pays » les inquisiteurs fanatiques qui sont de véritables fous furieux. À l'oral, le ton est essentiel pour comprendre l'énoncé ironique, car il avertit du décalage entre ce qui est dit et ce qu'il faut comprendre. À l'écrit, le contexte est nécessaire et il est parfois délicat de déceler une ironie qui n'est marquée d'aucune ponctuation particulière. Il faut savoir que l'exclamation « Quel bel Apollon ! » s'adresse à un adolescent rachitique et boutonneux pour en saisir le sens.

2. Les fonctions de l'ironie

L'ironie est un **jeu de l'esprit** qui peut avoir une **fonction pédagogique ou didactique** : elle instruit le destinataire du message en l'impliquant personnellement dans la construction d'un savoir. C'est donc une méthode pour faire accéder au savoir sans l'imposer dogmatiquement mais en **stimulant l'esprit critique**.

L'ironie est particulièrement utilisée par les écrivains philosophes du XVIIIe siècle, notamment, Montesquieu, au livre V de l'*Esprit des lois*, qui parvient à nous faire comprendre l'absurdité des thèses esclavagistes par des antiphrases beaucoup plus efficaces qu'une analyse politique raisonnée. En effet, l'ironie, mettant tout à l'envers, choque et provoque un scandale salutaire. C'est donc un moyen rapide et économique de faire réagir et de susciter la réflexion. C'est aussi un moyen plaisant.

3. Le comique et l'ironie

L'ironie n'est pas toujours comique. Elle peut même être tragique quand elle prend une forme paradoxale et fait apparaître une contradiction profonde entre l'apparence et la réalité. Oreste, à la fin d'*Andromaque*, devient fou et dit :

Grâce aux Dieux, mon malheur passe mon espérance.

C'est sous une forme satanique qu'elle apparaît dans la littérature romantique du XIXe siècle.

On parle d'ironie tragique quand l'homme malgré tous ses efforts pour échapper à son destin n'y parvient pas. C'est le cas d'Œdipe, qui, contre sa volonté, tuera son père et épousera sa mère.

L'ironie est un plaisir pour l'esprit quand on comprend le propos véritable derrière l'énoncé exprimé. **Le comique tient en effet au décodage de l'expression littérale et le rire est pour ainsi dire la preuve de la compréhension** et la marque du discernement. C'est un sourire entendu. Le rire suscité par l'ironie est de la même nature que celui du petit enfant qui, d'abord inquiet, jubile en retrouvant dans son champ visuel l'objet qu'on lui avait dissimulé. Le comique de l'ironiste tient donc au fait de jouer une certaine comédie. Le jeu est de présenter comme sérieux ce que l'on ne pense pas sérieusement.

Pour que l'ironie soit comique, il est nécessaire de se libérer du sens littéral. Le ton de la voix, le contexte de l'énoncé, la connaissance de la tournure d'esprit de l'énonciateur sont de précieux indices.

Histoire des oracles (1687)
Fontenelle

Dans son ouvrage, Fontenelle se montre un précurseur de l'esprit des Lumières. En effet, non seulement il met en cause la naïveté des gens et dénonce le danger des superstitions sans épargner la religion, mais il a aussi le souci de divertir en recourant à une mise en scène comique de la critique sérieuse. Cet épisode est une histoire drôle et savoureuse qui permet une critique efficace de l'esprit pseudo-scientifique.

Ce malheur arriva si plaisamment sur la fin du siècle passé à quelques savants d'Allemagne, que je ne puis m'empêcher d'en parler ici.
« En 1593, le bruit courut que, les dents étant tombées à un enfant de Silésie âgé de sept ans, il lui en était venu une d'or à la place d'une de ses grosses dents. Horstius, professeur en médecine dans l'université de Helmstad, écrivit, en 1595, l'histoire de cette dent, et prétendit qu'elle était en partie naturelle, en partie miraculeuse, et qu'elle avait été envoyée de Dieu à cet enfant pour consoler les Chrétiens affligés par les Turcs ! Figurez-vous quelle consolation, et quel rapport de cette dent aux Chrétiens ni aux Turcs ! En la même année, afin que cette dent d'or ne manquât pas d'historiens, Rullandus en écrit l'histoire. Deux ans après, Ingolsteterus, autre savant, écrit contre le sentiment que Rullandus avait de la dent d'or, et Rullandus fait aussitôt une belle et docte réplique. Un autre grand homme, nommé Libavius, ramasse tout ce qui avait été dit de la dent, et y ajoute son sentiment particulier. Il ne manquait autre chose à tant de beaux ouvrages, sinon qu'il fût vrai que la dent était d'or. Quand un orfèvre l'eut examinée, il se trouva que c'était une feuille d'or appliquée à la dent, avec beaucoup d'adresse : mais on commença par faire des livres, et puis on consulta l'orfèvre. »

Première dissertation, chapitre IV.

- Relevez les précisions sur la chronologie, les lieux, le déroulement des événements.
- Que remarquez-vous à propos des noms des savants, de leurs titres et de leur démarche intellectuelle ?
- Relevez et commentez les interventions du narrateur.

Le narrateur rapporte les faits apparemment sans juger. Cependant, ses interventions (en particulier dans la chute du récit) introduisent un dysfonctionnement déjà présent dans une admiration apparente pour de prestigieux savants qui font preuve d'une grande activité intellectuelle. Le décalage ironique entre les faits rapportés et le contresens de la démarche expérimentale permet au lecteur de prendre conscience du ridicule de ces pseudo-savants qui expliquent un fait sans vérifier qu'il existe. Ceci devient plus grave quand il ne s'agit plus d'un faux miracle d'une dent en or mais d'une réelle pratique qui remet en cause l'idée même d'humanité, l'esclavage.

L'Esprit des lois (1748)
Montesquieu

Dans cet ouvrage, Montesquieu a le projet « d'étudier les lois, les coutumes et les divers usages de tous les peuples de la terre ». Il est amené à analyser et à juger des institutions. Au chapitre 5, il aborde l'étude d'une pratique, l'esclavage, que les Français ont reconnue comme légale. Le sujet est sérieux et la pratique scandaleuse. Dans ce passage très célèbre, Montesquieu prête sa voix aux esclavagistes qui argumentent leur bon droit. Ils sont ridiculisés par des raisonnements stupides qui révèlent leur mauvaise foi.

Si j'avais à soutenir le droit que nous avons eu de rendre les nègres esclaves, voici ce que je dirais :
Les peuples d'Europe ayant exterminé ceux de l'Amérique, ils ont dû mettre en esclavage ceux de l'Afrique pour s'en servir à défricher tant de terres.
Le sucre serait trop cher, si l'on ne faisait travailler la plante qui le produit par des esclaves.

> *Ceux dont il s'agit sont noirs depuis les pieds jusqu'à la tête ; et ils ont le nez si écrasé qu'il est presque impossible de les plaindre.*
>
> *On ne peut se mettre dans l'idée que Dieu, qui est un être très sage, ait mis une âme, surtout une âme bonne, dans un corps tout noir.*
>
> *Il est si naturel de penser que c'est la couleur qui constitue l'essence de l'humanité, que les peuples d'Asie, qui font les eunuques, privent toujours les noirs du rapport qu'ils ont avec nous d'une façon plus marquée.*
>
> *On peut juger de la couleur de la peau par celle des cheveux, qui, chez les Égyptiens, les meilleurs philosophes du monde, étaient d'une si grande conséquence qu'ils faisaient mourir tous les hommes roux qui leur tombaient entre les mains.*
>
> *Une preuve que les nègres n'ont pas le sens commun, c'est qu'ils font plus de cas d'un collier de verre que de l'or, qui, chez des nations policées, est d'une si grande conséquence.*
>
> *Il est impossible que nous supposions que ces gens-là soient des hommes ; parce que, si nous les supposions des hommes, on commencerait à croire que nous ne sommes pas nous-mêmes chrétiens.*
>
> *De petits esprits exagèrent trop l'injustice que l'on fait aux Africains. Car, si elle était telle qu'ils le disent, ne serait-il pas venu dans la tête des princes d'Europe qui font entre eux tant de conventions inutiles, d'en faire une générale en faveur de la miséricorde et de la pitié ?*
>
> Chapitre 5.

▶ **Quelle est l'hypothèse initiale ? À qui correspond le « je » ?**
▶ **Étudiez deux arguments de votre choix : examinez le sens littéral de l'énoncé et définissez quelle peut être la position de Montesquieu, en étant attentif à la formulation de ces arguments.**

Nous pouvons voir dans ce texte comment l'ironie à l'œuvre dans la double énonciation invite le lecteur à prendre la lecture au second degré. Le jeu doit être compris et la complicité du lecteur avec l'auteur donne à la dénonciation une grande efficacité. Au théâtre, ce jeu peut être multiplié par l'affrontement des protagonistes. Les énoncés ironiques entrent dans ce qu'on appelle la double énonciation théâtrale : les paroles que les personnages échangent sont destinées à être entendues du public. L'ironie est une parole armée et le spectateur-lecteur assistant à un duel verbal prend part aussi à un jeu d'esprit.

Les Caprices de Marianne (1833)
Musset

Cœlio est un jeune homme amoureux de la belle Marianne, une dévote de dix-neuf ans, mariée à un vieux magistrat. Octave est l'ami de Cœlio, il vient d'intervenir en sa faveur auprès de la jeune femme qui lui a tenu tête. Assis à la table d'un café, il voit Claudio, le mari de Marianne, plutôt jaloux, suivi de son serviteur. Il s'ensuit un duel verbal entre les deux hommes qui vont user ironiquement de raffinements de politesse. Les deux personnages en présence sont représentatifs pour le XIXe siècle, l'un du bourgeois conformiste, Claudio, l'autre de l'artiste anticonformiste, Octave.

OCTAVE. — *Cousin Claudio, vous êtes un beau juge ; où allez-vous si couramment ?*
CLAUDIO. — *Qu'entendez-vous par là, seigneur Octave ?*
OCTAVE. — *J'entends que vous êtes un magistrat qui a de belles formes.*
CLAUDIO. — *De langage, ou de complexion ?*
OCTAVE. — *De langage, de langage. Votre perruque est pleine d'éloquence, et vos jambes sont deux charmantes parenthèses.*
CLAUDIO. — *Soit dit en passant, seigneur Octave, le marteau de ma porte m'a tout l'air de vous avoir brûlé les doigts.*
OCTAVE. — *En quelle façon, juge plein de science ?*
CLAUDIO. — *En y voulant frapper, cousin plein de finesse.*
OCTAVE. — *Ajoute hardiment plein de respect, juge, pour le marteau de ta porte ; mais tu peux le faire peindre à neuf, sans que je craigne de m'y salir les doigts.*
CLAUDIO. — *En quelle façon, cousin plein de facéties ?*
OCTAVE. — *En n'y frappant jamais, juge plein de causticité.*
CLAUDIO. — *Cela vous est pourtant arrivé, puisque ma femme a enjoint à ses gens de vous fermer la porte au nez à la première occasion.*

OCTAVE. — *Tes lunettes sont myopes, juge plein de grâce : tu te trompes d'adresse dans ton compliment.*
CLAUDIO. — *Mes lunettes sont excellentes, cousin plein de riposte : n'as-tu pas fait à ma femme une déclaration amoureuse ?*
OCTAVE. — *À quelle occasion, subtil magistrat ?*
CLAUDIO. — *À l'occasion de ton ami Cœlio, cousin ; malheureusement j'ai tout entendu.*
OCTAVE. — *Par quelle oreille, sénateur incorruptible ?*
CLAUDIO. — *Par celle de ma femme, qui m'a tout raconté, godelureau chéri.*
OCTAVE. — *Tout absolument, juge idolâtré ? Rien n'est resté dans cette charmante oreille ?*
CLAUDIO. — *Il y est resté sa réponse, charmant pilier de cabaret, que je suis chargé de te faire.*
OCTAVE. — *Je ne suis pas chargé de l'entendre, cher procès-verbal.*
CLAUDIO. — *Ce sera donc ma porte en personne qui te la fera, aimable croupier de roulette, si tu t'avises de la consulter.*
OCTAVE. — *C'est ce dont je ne me soucie guère, chère sentence de mort ; je vivrai heureux sans cela.*
CLAUDIO. — *Puisses-tu le faire en repos, cher cornet de passe-dix ! je te souhaite mille prospérités.*
OCTAVE. — *Rassure-toi sur ce sujet, cher verrou de prison ! je dors tranquille comme une audience.* (Sortent Claudio et Tibia.)

Acte II, scène 1.

▶ **Quel portrait de Claudio est fait par Octave ? (Traits physiques, caractère, fonction de juge). Quel portrait d'Octave est fait par Claudio ?**
▶ **En quoi sont-ils réducteurs ou caricaturaux ?**
▶ **Relevez les procédés de l'ironie utilisés dans cette scène (antiphrases et figures de substitution, hyperboles, alliances de mots).**

Dans cette scène, le comique tient à la présence de deux personnages absolument opposés ; un sinistre magistrat, vieux mari jaloux est face à un jeune homme libertin, plein de fantaisie, qui veut avant tout être libre. L'affrontement verbal sur le mode de l'apostrophe et du règlement de comptes permet la jubilation du spectateur, qui est malgré tout du côté du jeune homme.

Chez Flaubert, l'ironie s'en prend aux personnages et à leur vision du monde. L'écriture trahit la présence du narrateur. Flaubert a qualifié de « grincement » cette double énonciation qui traduit un attachement à des personnages ridicules dont il exorcise la bêtise et l'esprit bourgeois en les faisant s'exprimer de l'intérieur.

Bouvard et Pécuchet (1880)
Flaubert

Dans *Bouvard et Pécuchet*, les deux héros ignorants et avides de savoirs rêvent de partir à la campagne. Grâce à un héritage, ils s'installent à Chavignolles, village du Calvados. Tels des Don Quichotte, après avoir échoué dans des expériences d'agriculture, ils vont se lancer dans l'« architecture des jardins ». Leurs efforts appliqués pour faire naître « quelque chose de sublime » n'entraînent que l'incompréhension du voisinage. Lors d'un dîner de réception, ils vont faire découvrir le paysage qu'ils ont créé en ouvrant les rideaux de la salle à manger.

C'était dans le crépuscule, quelque chose d'effrayant. Le rocher comme une montagne occupait le gazon, le tombeau faisait un cube au milieu des épinards, le pont vénitien un accent circonflexe par-dessus les haricots — et la cabane, au delà, une grande tache noire ; car ils avaient incendié son toit pour la rendre plus poétique. Les ifs[1] en forme de cerfs ou de fauteuils se suivaient, jusqu'à l'arbre foudroyé, qui s'étendait transversalement de la charmille à la tonnelle, où des pommes d'amour pendaient comme des stalactites. Un tournesol, çà et là, étalait son disque jaune. La pagode chinoise

---

1. Ifs : arbres décoratifs qui ont été taillés en forme de paons, de cerfs et de fauteuils.

> peinte en rouge semblait un phare sur le vigneau[1]. Les becs des paons frappés par le soleil se renvoyaient des feux, et derrière la claire-voie, débarrassée de ses planches, la campagne toute plate terminait l'horizon.
> Devant l'étonnement de leurs convives Bouvard et Pécuchet ressentirent une véritable jouissance.
>
> ❱ **Relevez les éléments discordants du paysage (forme, place, couleur).**
> ❱ **Examinez en quoi consiste l'ironie du passage. Qui voit le jardin ?**
> ❱ **En analysant la première et la dernière phrase du passage, montrez que l'entreprise de nos deux héros est un échec complet.**

La victime de la parole ironique ne rit pas, sauf si elle est capable de la récupérer à son compte et de faire de l'auto-ironie. Le sujet fait alors semblant de jouer le jeu de son ennemi, parle son langage et rit de lui-même en disant « Quel imbécile je fais ! » L'ironie est une souplesse d'esprit qui permet, dit Jankelevitch, de « devancer le désespoir ». Cette ironie-là est bien proche de l'humour, qui suppose une prise de conscience de l'écart entre nos désirs et les possibilités de réalisation.

B. L'humour

Le comble de l'inattention ? Prendre l'édit de Nantes pour une Anglaise.

Marcel Proust.

1. Définition et fonction

Si en dépit de son anachronisme, le terme d'humour semble pertinent pour rendre compte de l'attitude de certains personnages, de la conduite de la narration ou encore de la philosophie

---

1. Tertre surmonté d'une treille.

dans des œuvres comme celles de Rabelais, il n'apparaît dans la langue française qu'au milieu du XVIIIe siècle. Le concept s'explicite en fonction du « *sense of humour* » britannique qui se caractérise par la capacité de **prendre ses distances avec son propre personnage**, par un regard lucide sur soi-même et sur le monde, un regard faussement naïf, dévoilant l'absurdité des choses sous une apparence de sérieux. Pris dans sa dimension affective et psychologique, l'humour s'affirme comme le seul recours contre la tentation du désespoir, le moyen d'assumer l'angoisse, les atteintes du sort en les vidant de leur charge affective, en mettant à distance les émotions ou les passions.

Il se distingue du trait d'esprit ironique qui, avant tout intellectuel, relève de l'attaque *ad hominem*[1], et frappe par l'acuité de ses pointes aiguisées. Le discours humoristique comprend au contraire une part d'affectivité et de sensibilité. Comme l'écrit Max Jacob dans ses *Conseils à un jeune poète*, « il est une étincelle qui voile les émotions, répond sans répondre, ne blesse pas et amuse » ; il se différencie de l'ironie « qui vous dessèche et dessèche la victime ».

Il est inséparable d'une écriture qui joue des variations et des inadéquations ; d'un sourire léger où se côtoient **la lucidité du jugement et l'indulgence, la sympathie et le sens de la relativité qui affecte toute chose et tout être**, à commencer par l'humoriste lui-même. Celui-ci semble désengagé de l'énoncé littéral et convie ainsi le locuteur à percevoir un second sens, à lire un décalage.

2. L'écart humoristique

Cette discordance peut se traduire par l'artifice de la liaison entre signifiant* et signifié*, ou encore par la rupture entre le

---

1. L'attaque *ad hominem* vise des personnes en particulier.

signifié et le signifiant, remplacé par un terme inhabituel. Cette disjonction produit un double sens qui provoque le rire comme c'est le cas dans *Melmoth réconcilié* de Balzac : désespérant d'obtenir Euphrasie, le clerc « voulait se déchirer le cœur, mais il n'en était encore qu'à tordre les élastiques de ses bretelles ». Le cliché est pris dans son sens littéral et cette littéralité entraîne de manière inattendue la fusion de deux registres, l'un mélodramatique* et l'autre trivial.

Le discours humoristique peut également se signaler par l'énormité du signifié perceptible par exemple dans la *Modeste Proposition pour empêcher les enfants des pauvres en Irlande d'être à la charge de leurs parents et de leur pays et pour les rendre utiles au public* de Jonathan Swift. Le message littéral qui est délivré peut difficilement être pris au sérieux. En effet, pour se débarrasser des nombreux parias irlandais, des affamés qui troublent le repos et le bien-être des gens bien nourris, le narrateur préconise de convertir les bouches inutiles en aliment de première qualité, destiné aux classes privilégiées. Il ajoute que la chair de nourrisson est particulièrement délicieuse. L'énormité de cette solution contient sa propre nullité : la proposition est impossible à tenir et relève de l'humour noir*, et du « *nonsense* » irrationnel et délirant.

Enfin, toujours d'un point de vue formel, l'humour peut se signaler par l'écart entre les deux signifiés littéral et intentionnel, un écart parfois infime comme c'est le cas chez Woody Allen : « Par admiration pour Van Gogh, j'ai voulu moi aussi me couper une oreille avec mon rasoir. Je n'y ai pas réussi. Peut-être parce que, moi, je me sers d'un rasoir électrique. » Le signifié littéral est compris sur le mode de la désolation et de la tristesse, le signifié intentionnel traduit lui une indulgence à soi-même.

Du point de vue logique et sémantique*, le décalage humoristique tient dans des arrêts de jugements, des suspensions des évidences admises par tous. Autrement dit, **l'humoriste joue avec** les normes ; il feint de ne pas connaître les jugements de valeur, moraux et affectifs, admis par le plus grand nombre. Cette **attitude d'insensibilité volontaire** peut se lire dans l'écart entre le ton et le contenu. Ainsi, dans *En attendant Godot* de Beckett, l'humour naît d'un décalage entre la pensée tragique du suicide et le ton banal qui atténue et dédramatise l'horreur de la situation, réduite à un problème de logique :

ESTRAGON. — *Pendons-nous tout de suite.*
VLADIMIR. — *À une branche ?* (Ils s'approchent de l'arbre et le regardent). *Je n'aurais pas confiance.*
ESTRAGON. — *On peut toujours essayer.*
VLADIMIR. — *Essaie.*
ESTRAGON. — *Après toi.*
VLADIMIR. — *Mais non, toi d'abord.*
ESTRAGON. — *Pourquoi ?*
VLADIMIR. — *Tu pèses moins lourd que moi.*
ESTRAGON. — *Justement.*
VLADIMIR. — *Je ne comprends pas.*

Les émotions humaines les plus élémentaires sont mises à distance et de ce fait occultées. L'humour noir va plus loin dans l'anesthésie des passions et des jugements. En s'attaquant aux sujets graves et sérieux, aux valeurs sacrées dans la conscience collective (la mort et ses rites, la maladie et la souffrance humaine, la morale et ses lois...), il prend le parti du concret et du corporel ; il dégrade et dévalue en désacralisant. Il met entre parenthèses tout jugement social, moral, affectif, pour privilégier la dimension intellectuelle et esthétique. Si le raisonnement logique du narrateur dans la *Modeste Proposition* de Swift est irréprochable et semble suggérer au lecteur une conclusion attendue, rationnelle, la suspension de l'évidence (on ne mange pas des enfants !) clôt brutalement le texte et réduit le monde à l'absurde.

En fait, **l'humour permet à l'adulte de retrouver la liberté du non-sens,** propre au monde de l'enfance, de retrouver le rire spontané, le plaisir du langage avant les contraintes de l'éducation et de la pensée rationnelle. L'humoriste se plaît à jouer le naïf, qui en marge d'un groupe social, semble ignorer les normes des autres pour imposer innocemment sa propre vision du monde. Il s'amuse également à être l'enfant qui ne comprend rien aux attitudes des adultes, renverse les normes du langage, tourne involontairement en dérision le discours sérieux, comme dans l'exemple tiré du *Journal* de Jules Renard : « – Tu es trop grand maintenant pour coucher avec ta mère. – Mais je suis moins grand que toi, papa ! »

Le comique du *Fakir*, le célèbre sketch de Pierre Dac et Francis Blanche, tient dans le déchiffrement anormal de la question du présentateur, prise au pied de la lettre alors qu'elle constitue une demande :

FRANCIS BLANCHE. — *Vous pouvez dire quel est le numéro de sécurité sociale de Monsieur ?*
PIERRE DAC. — *Je peux le dire !*
FRANCIS BLANCHE, surexcité. — *Vous pouvez le dire ?*
PIERRE DAC, péremptoire. — *Je peux le dire.*
FRANCIS BLANCHE, triomphant. — *Il peut le dire !* (Fin du sketch, rires de l'assistance).

L'humoriste détourne en fait les actes de langage tels que les questions ici, les ordres, les assertions ; il les invalide en les mettant en contradiction avec eux-mêmes, en les soumettant à la logique du paradoxe.

Ainsi, le privilège de l'humour est de bousculer les règles de la conversation, de suspendre les évidences, de ménager toujours et surtout le droit à la surprise.

3. Humour et narration

L'écrivain humoriste se plaît à surprendre le lecteur en ne satisfaisant pas son attente, en prenant sans justification apparente des chemins buissonniers. L'humour dans les œuvres de Diderot tient dans un jeu équivoque d'allées et venues entre le récit et le discours, empêchant le romanesque de s'épanouir. L'incipit* de *Jacques le Fataliste* est remarquable par son imprécision et son indétermination ostensiblement mises en avant, il malmène le lecteur dans ses habitudes, en le caricaturant comme un être soucieux des conventions romanesques :

> *Comment s'étaient-ils rencontrés ? Par hasard, comme tout le monde. Comment s'appelaient-ils ? Que vous importe ? D'où venaient-ils ? Du lieu le plus prochain.*

Soit le narrateur se montre désinvolte avec son lecteur en refusant de donner des précisions, soit il en fait trop : les digressions et autres commentaires prolifèrent et ôtent toute charge émotionnelle à l'histoire, à la trame narrative. C'est Lautréamont jetant le discrédit sur l'art d'écrire dans *Les Chants de Maldoror* : « Je vais d'abord me moucher, parce que j'en ai besoin, et ensuite, puissamment aidé par ma main, je reprendrai mon porte-plume que mes doigts avaient laissé tomber » (Chant 6). Le lecteur, déconcerté par cette intrusion du narrateur, est invité à prendre ses distances avec la fiction imaginaire.

L'illusion référentielle* est mise à mal. Tout est fait pour déjouer l'attente du lecteur. La narration emprunte des chemins de traverse. Ainsi, dans *Pantagruel* de Rabelais, surgit au détour d'une phrase le narrateur Alcofribas Nasier. Surpris par une averse, comme les autres compagnons du géant, il ne trouve plus de place pour s'abriter sous la langue que Pantagruel n'a tirée qu'à demi pour protéger ses amis et son armée, il est obligé de monter jusqu'à la bouche ouverte du jeune et gigantesque prince. Il y découvre un planteur de choux vivant dans un monde qui loin d'être merveilleux, ressemble à notre monde familier et quotidien. Dans cet épisode, Rabelais ne cherche pas à étonner pour le plaisir d'étonner, il explore son propre personnage, met en question les cadres du roman en jouant sur l'illusion romanesque. Il s'agit pour lui de faire comprendre que le monde déjoue nos représentations et que le familier peut se trouver dans ce qui est appelé, bien à tort, le nouveau monde.

L'humour jette donc un doute sur la réalité, il ruine les prétentions des discours à représenter le réel, à dire le monde et le sujet. **Il est la marque d'une certaine vision du monde, prônant la relativité et bannissant toute forme de dogmatisme.**

➤ Écart entre le ton et le contenu : le badinage* marotique

Épîtres, « Au roi pour avoir été dérobé » (XXV), (1532)
Marot

Marot a été dépouillé de tous ses biens par un valet peu scrupuleux. Un malheur n'arrivant jamais seul, il tombe gravement malade, victime d'une épidémie de peste qui sévit à cette même époque dans tout le pays.
Dans une épître* datée du premier janvier 1532, il va informer le roi François Ier de cette situation pathétique. On sait que peu après, le roi ordonne au trésorier royal de lui verser cent écus d'or.

    J'avais un jour un valet de Gascogne,
Gourmand, ivrogne, et assuré menteur,
Pipeur[1], larron, jureur, blasphémateur,
Sentant la hart[2] de cent pas à la ronde,
5   Au demeurant, le meilleur fils du monde,
Prisé[3], loué, fort estimé des filles
Par les bourdeaux[4], et beau joueur de quilles.
   Ce vénérable hillot[5] fut averti
De quelque argent que m'aviez departi[6],

---

1. Tricheur au jeu.
2. Corde de pendu.
3. Apprécié.
4. Dans les bordels.
5. Garçon.
6. Offert.

10 *Et que ma bourse avait grosse apostume[1] ;*
Si[2] se leva plus tôt que de coutume
Et me va prendre en tapinois icelle[3]
Puis vous la mit très bien sous son aisselle
Argent et tout (cela se doit entendre),
15 *Et ne crois point que ce fut pour la rendre,*
Car oncques puis[4] n'en ai ouï parler
  Bref, le vilain ne s'en voulut aller
Pour si petit[5], mais encore il me happe
Saye[6] et bonnet, chausses, pourpoint et cape ;
20 *De mes habits (en effet) il pilla*
Tous les plus beaux, et puis s'en habilla
Si justement, qu'à le voir ainsi être,
Vous l'eussiez pris (en plein jour) pour son maître.
  Finalement, de ma chambre il s'en va
25 *Droit à l'étable, où deux chevaux trouva ;*
Laisse le pire, et sur le meilleur monte,
Pique[7] et s'en va. Pour abréger le conte,
Soyez certain qu'au partir dudit lieu
N'oublia rien, fors[8] à me dire adieu.

- **Relevez les termes péjoratifs et les termes laudatifs qui servent à dresser le portrait du valet. Quel est l'effet de ce contraste ?**
- **En quoi cette lettre est-elle représentative du sens de l'humour ?**

Imaginons ce qu'une lettre de doléances rendant compte de ces douloureux épisodes aurait eu comme effet sur le roi ! Avec cette épître (lettre en vers adressée à un « supérieur » en vue

---

1. Enflure.
2. Ainsi il...
3. Celle-ci.
4. Depuis.
5. Peu.
6. Manteau.
7. Éperonne.
8. Sinon.

d'obtenir quelque faveur ou argent), on a bien la preuve de la force de l'humour mise ici au service de la persuasion. On note ici l'extrême habileté, la virtuosité d'un poète qui a su communiquer ses misères le plus légèrement possible. Cette façon a été qualifiée de badinage. Adopter un ton badin, c'est parler avec légèreté de ce qui pèse le plus.

Jeu d'écriture

▶ Après avoir subi de sérieux ennuis, vous adressez une lettre à une personne influente ou fortunée, racontant vos malheurs sur un ton badin pour essayer d'obtenir réparation.

➤ Humour : incertitude et indétermination

 Les Caves du Vatican (1914)
Gide

Dans *Les Caves du Vatican*, Gide se plaît à brouiller les frontières entre humour, ironie et farce satirique. Dans cet extrait, le narrateur rappelle les circonstances qui ont poussé Mademoiselle Arnica Péterat à épouser Amédée Fleurissoire, alors que rien ne le distinguait de son ami d'enfance, Gaston Blafaphas.

Ils convinrent de se déclarer l'un et l'autre le même soir, ensemble, puis de s'abandonner à son choix. Arnica, toute neuve devant l'amour, remercia le ciel dans la surprise et la simplicité de son cœur. Elle pria les deux soupirants de lui laisser le temps de réfléchir.

À vrai dire elle ne penchait non plus vers l'un que vers l'autre, et ne s'intéressait à eux que parce qu'eux s'intéressaient à elle, alors qu'elle avait résigné l'espoir d'intéresser jamais personne. Six semaines durant, perplexe de plus en plus, elle s'enivra doucement des hommages de ses prétendants parallèles. Et tandis que dans leurs promenades nocturnes, supputant mutuellement leurs progrès, les Blafafoires se racontaient longuement l'un à l'autre, sans détours, les moindres mots, les regards, les sourires, dont elle les avait gratifiés, Arnica, retirée dans sa chambre, écrivait sur des bouts de papier qu'elle brûlait soigneusement ensuite à la flamme de sa bougie, et répétait inlassablement tour à tour : Arnica Blafaphas ? Arnica Fleurissoire ? incapable de décider entre l'atrocité de ces deux noms.

Gide, *Les Caves du Vatican*, © Éditions Gallimard.

▶ Quelles remarques peut-on faire sur les noms des personnages ?
▶ En quoi la situation amoureuse est-elle ridicule ? Repérez les symétries et les ressemblances dans l'attitude des deux prétendants.
▶ En quoi consiste l'humour de la dernière phrase ?

➤ L'humour : écart entre fantaisie verbale et méditation esthétique

Paroles (1945)
Prévert

La *Promenade de Picasso* est un texte à lire comme une parabole, une méditation humoristique sur l'entreprise réaliste

PROMENADE DE PICASSO
*Sur une assiette bien ronde en porcelaine réelle
une pomme pose
Face à face avec elle
un peintre de la réalité*
5 *essaie vainement de peindre
la pomme telle qu'elle est
mais
elle ne se laisse pas faire
la pomme*
10 *elle a son mot à dire
et plusieurs tours dans son sac de pomme
la pomme
et la voilà qui tourne
dans son assiette réelle*
15 *sournoisement sur elle-même
doucement sans bouger
et comme un duc de Guise qui se déguise en bec de gaz*

parce qu'on veut malgré lui lui tirer le portrait
la pomme se déguise en beau fruit déguisé
20   *et c'est alors*
que le peintre de la réalité
commence à réaliser
que toutes les apparences de la pomme sont contre lui
et
25   *comme le malheureux indigent*
comme le pauvre nécessiteux qui se trouve soudain à la
merci de n'importe quelle association bienfaisante
et charitable et redoutable de bienfaisance de charité
et de redoutabilité
30   *le malheureux peintre de la réalité*
se trouve soudain alors être la triste proie
d'une innombrable foule d'associations d'idées
Et la pomme en tournant évoque le pommier
le Paradis terrestre et Eve et puis Adam
35   *l'arrosoir l'espalier Parmentier l'escalier*
le Canada les Hespérides la Normandie la Reinette et
l'Api
le serpent du Jeu de Paume le serment du Jus de Pomme
et le péché originel
40   *et les origines de l'art*
et la Suisse avec Guillaume Tell
et même Isaac Newton
plusieurs fois primé à l'Exposition de la Gravitation
Universelle
45   *et le peintre étourdi perd de vue son modèle*
et s'endort
C'est alors que Picasso
qui passait par là comme il passe partout
chaque jour comme chez lui
50   *voit la pomme et l'assiette et le peintre endormi*
Quelle idée de peindre une pomme
dit Picasso
et Picasso mange la pomme
et la pomme lui dit Merci
55   *et Picasso casse l'assiette*
et s'en va au souriant

et le peintre arraché à ses songes
comme une dent
se retrouve tout seul devant sa toile inachevée
60 avec au beau milieu de sa vaisselle brisée
les terrifiants pépins de la réalité.

    Prévert, « Promenade de Picasso » in *Paroles*, © Éditions Gallimard.

❱ Qu'est-ce qui est tourné en dérision ?
❱ Montrez que Prévert fait ici le procès de l'illusion réaliste.
❱ Repérez et analysez les jeux de langage.

Conclusion : humour, ironie et vérité

Si l'ironie est l'arme du fort, la stratégie de celui qui cherche à convaincre l'autre de sa thèse, à éliminer l'adversaire nié comme ignorant et ennemi de la vérité, l'humour s'appréhende fondamentalement sur le mode du doute et de l'incertitude. Il ne rétablit aucune vérité première ; l'humoriste ne donne pas de leçons, il agit comme un révélateur : il met au jour l'aspect multiple, changeant et contradictoire d'une vérité, non pas fixe et sûre, mais fuyante et ambiguë. Il désigne les incohérences du monde, il pointe les incongruités de l'existence, « il dit « innocemment » ce qui est, ne ménageant aucun détail, fournissant ainsi à son interlocuteur le plaisir de découvrir l'absurdité[1] ».

Cette liberté laissée au récepteur rend problématique la compréhension et l'interprétation des textes humoristiques. La difficulté s'en trouve d'autant plus accrue par le décalage entre l'énoncé et l'énonciation et pour la position en retrait de l'humoriste. Or la réception correcte de l'œuvre humoristique ne peut se faire que sur la base d'un système de valeurs commun, de

---

1. Denise Jardon, *Du comique dans le texte littéraire*, Duculot/De Boeck-Wesmael, 1988.

présupposés connus de l'énonciateur et de l'interlocuteur. Plus les compétences requises sont grandes et complexes, plus le cercle des récepteurs est restreint. L'humour suppose, pour être compris, une connivence entre l'humoriste et son public, bien plus une collaboration active. Il est donc foncièrement ambigu ; cette ambiguïté est sensible entre autres dans la communication des histoires juives. Lorsque l'autodérision est pratiquée par un juif, elle fait rire. Mais si l'énonciateur n'est pas juif, cette histoire relève de l'antisémitisme.

L'humour est ainsi une pratique langagière singulière, qui semble vouloir se dérober à toute définition, peut-être parce qu'il tend à exploiter toutes les virtualités de la langue, quitte à transgresser les lois régissant la communication, les normes linguistiques et stylistiques (par une orthographe phonétique, des ruptures syntaxiques, des néologismes ou encore des décalages de niveau de langue). Le langage manipulé dans le discours humoristique devient le lieu d'une activité ludique et poétique, au sens de création, recréation et récréation. C'est ce jeu gratuit, divertissant, ne prêtant pas à conséquence, c'est cet écart par rapport aux normes sérieuses du langage que nous allons précisément étudier.

📖 Invitation à la lecture

Candide ou l'optimisme, 1759, Voltaire

Dans ce conte philosophique, qui est aussi un roman d'apprentissage, on rencontre le comique sous toutes ses formes, des plus légères aux plus cruelles. Candide, le héros bien nommé, vit d'abord dans un château, où « Madame la Baronne qui pesait environ trois cent cinquante livres, s'attirait par là une très grande considération ». Après des rencontres avec les pires maux de la terre, tels que la guerre, le fanatisme, l'esclavage, Candide définit l'optimisme comme

« l'art de soutenir que tout va bien quand tout va mal » (chap. 19). L'humour noir n'est jamais absent ; une vieille raconte les aventures rocambolesques de sa vie en précisant qu'elle a eu la vie sauve au siège d'Azov en laissant une de ses fesses en guise de rôti aux affamés qui voulaient la dévorer. Les décalages humoristiques sont permanents.

L'humour et l'ironie sont bien des manières voltairiennes de maintenir l'esprit du lecteur en éveil et de l'ouvrir à la critique par le rire.

IV. Les écarts par rapport aux normes langagières

Chassez le naturiste, il revient au bungalow.
Jean-Paul Grousset.

Avec le développement des sciences du langage, le XXe siècle a été attentif à tous les phénomènes de communication. La langue fait l'objet d'études et d'expérimentations poussées. Elle est définie comme un ensemble de codes, c'est-à-dire un système conventionnel qu'il faut adopter pour communiquer. Dès lors, **les infractions aux normes du langage, commises involontairement ou volontairement sont autant d'actes manqués ou d'impertinences libératrices qui provoquent le rire.**

A. Les écarts de la langue orale

1. Écart avec les règles phonétiques

Le défaut de prononciation et sa retranscription écrite tels que le zézaiement de M. Deume : « vu que z'ai une impression de froid, ze ne sais pas pourquoi », dans *Belle du Seigneur*, ou le bégaiement de Brid'oison dans *Le Mariage de Figaro*.

L'accent alsacien du baron de Nucingen dans *Splendeurs et Misères des courtisanes* (2e partie) : « Montemisselle auriez-fûs la ponté té m'accebder gomme fodre brodectère ? [...] Ne bleurez boind. Ce feuz fus rentre la blis hereize te duddes les phâmes ».

Le décalage est double : l'accent alsacien apparaît comme une faute par rapport aux règles de la prononciation usuelle et normative. La transcription écrite apparaît comme une transgression des règles de la littérature, et le déchiffrement peut être ludique ; même si les intentions de l'auteur sont des plus réalistes dans la construction de son personnage, l'effet de lecture est comique.

Le pittoresque du **patois paysan** permet à Molière, dans une comédie comme *Dom Juan* de creuser l'écart avec la langue soutenue de grand seigneur et de faire la part aux prétentions de beau langage de Sganarelle qui mélange les registres. Le comique tient là encore à un double décalage. Le dialogue amoureux de Charlotte et Pierrot à l'acte II fait pendant à celui de Don Juan et Dona Elvire de l'acte I. Le parler paysan correspond à une conception de l'amour fort différente. À la question de Charlotte « Ne t'aimais-je pas aussi comme il faut ? », Pierrot répond non, et lui propose le modèle de la « grosse Thomasse » : « Alle est toujou autour de li a l'agacer, et ne le laisse jamais en repos ; toujou al li fait queuque niche ou li baille quelque taloche en passant ; et l'autre jour qu'il estait assis sur un escabiau, al fut le tirer de dessous li, et le fit choir tout de son long par tarre. Jarni ! Vlà où l'en voit les gens qui aimont. »

Outre les différents dialectes, les langues étrangères font également l'objet de transcriptions phonétiques cocasses et ludiques. Ainsi, Raymond Queneau, dans les *Exercices de style*, propose une version anglaise d'un texte initial, parmi quatre-vingt-dix-neuf autres variations.

Exercices de style (1947)
Queneau

Anglicismes
Un daï vers middaï, je tèque le beusse et je sie un jeugne manne avec une grète nèque et un hatte avec une quainnde de lèsse tressés. Soudainement ce jeugne manne bi-queumze

crézé et acqujouse un respectable seur de lui trider sur les
toses. Puis il reunna vers un site eunoccupé.
A une lète aoure je le sie égaine ; il vouoquaît eupe et daoune
devant la Ceinte Lazare stécheunne. Un beau lui guivait un
advice à propos de beutone.

> Queneau, *Zazie dans le métro*, © Éditions Gallimard.

2. Écart avec les règles lexicales et grammaticales

Jusqu'au XVIIe siècle, la langue française n'est pas très normalisée, et les variantes ou approximations sont plus ou moins tolérées. Il n'en va pas de même quand la langue est fixée par Vaugelas[1]. Dans *Les Femmes savantes*, la servante Martine se fait congédier parce qu'elle enfreint les règles de la grammaire, ce qui pour Philaminte est un véritable crime impardonnable.

Les Femmes savantes (1672)
Molière

MARTINE. — *Tout ce que vous prêchez est, je crois, bel et bon ;*
Mais je ne saurais, moi, parler votre jargon.
PHILAMINTE. — *L'impudente ! Appeler un jargon le langage*
Fondé sur la raison et sur le bel usage !
5   MARTINE. — *Quand on se fait entendre, on parle toujours bien,*
Et tous vos biaux dictons ne servent pas de rien.
PHILAMINTE. — *Hé bien, ne voilà pas encore de son style !*
« Ne servent pas de rien ! »
BÉLISE. — *Ô cervelle indocile !*
10 *Faut-il qu'avec les soins qu'on prend incessamment*
On ne te puisse apprendre à parler congrûment[2].
De pas mis avec rien tu fais la récidive,
Et c'est, comme on t'a dit, trop d'une négative.
MARTINE. — *Mon Dieu ! je n'avons pas étugué comme vous,*

---

1. Vaugelas publie en 1647 des *Remarques sur la Langue Française*.
2. D'une manière convenable.

15　*Et je parlons tout droit comme on parle cheux nous.*
　　PHILAMINTE. — *Ah ! peut-on y tenir ?*
　　BÉLISE. — *Quel solécisme[1] horrible !*
　　PHILAMINTE. — *En voilà pour tuer une oreille sensible !*
　　BÉLISE. — *Ton esprit, je l'avoue, est bien matériel.*
20　*Je n'est qu'un singulier, avons est pluriel.*
　　Veux-tu toute ta vie offenser la grammaire ?
　　MARTINE. — *Qui parle d'offenser grand'mère ni grand-père ?*
　　PHILAMINTE. — *Ô ciel !*
　　BÉLISE. — *Grammaire est prise à contresens par toi,*
25　*Et je t'ai déjà dit d'où vient ce mot.*
　　MARTINE. — *Ma foi, Qu'il vienne de Chaillot, d'Auteuil ou de Pontoise,*
　　Cela ne me fait rien.
　　BÉLISE. — *Quelle âme villageoise !*
30　*La grammaire, du verbe et du nominatif*
　　Comme de l'adjectif avec le substantif,
　　Nous enseigne les lois.
　　MARTINE. — *J'ai, madame, à vous dire*
　　Que je ne connais point ces gens-là.
35　PHILAMINTE. — *Quel martyre.*
　　BÉLISE. — *Ce sont les noms des mots, et l'on doit regarder*
　　En quoi c'est qu'il les faut faire ensemble accorder.
　　MARTINE. — *Qu'ils s'accordent entre eux, ou se gourment[2], qu'importe ?*

　　　　　　　　　　　　　　　　　　　　Acte II, scène 6.

▶ **Relevez les fautes commises par Martine et corrigez-les.**
▶ **Examinez le langage des femmes savantes. En quoi est-il comique ?**

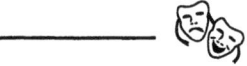

Dans cet extrait des *Femmes savantes*, Philaminte et Bélise veulent incarner la norme langagière, mais les excès de leur vigilance les portent à outrepasser les nécessités de la conversation.

---

1. Incorrection de langage.
2. Se battre.

Quand la langue orale devient un jargon incompréhensible parce qu'elle est imprégnée d'une science incommunicable, elle est tout autant risible : « Que veut dire ce fol ? » se demande Pantagruel quand il rencontre un écolier limousin qui parle un latin obscur. À la simple question, « D'où viens-tu ? », l'écolier répond en effet : « L'origine primève[1] de mes aves[2] et ataves[3] fut indigène des régions Lémoviques[4], où requiesce[5] le corpore[6] de l'agiotate[7] Saint Martial. » Cette langue contre-nature est jugée comme une contre-façon prétentieuse et inutile. Queneau, grand lecteur de Rabelais, utilise dans son roman *Les Fleurs bleues* des archaïsmes. Ces décalages correspondent à un anachronisme revendiqué et les effets de lecture sont comiques ; on se déplace « en petit arroi », au lieu de « petit équipage » et l'on « arme » bien au lieu d'aimer. Le succès du film *Les Visiteurs* auprès d'un large public est dû en grande partie au langage anachronique pour l'oreille du XXe siècle. « Monfieu » ou « ça puire » sont des expressions qui font ressurgir une vieille histoire décalée mais comprise. L'artifice de la langue orale contaminée par des normes justifiées dans la langue écrite peut être tout aussi comique que la citation écrite d'une langue orale naturelle.

Le langage des précieux est quant à lui une véritable armure destinée à se défendre contre l'ignoble et insupportable trivialité du monde réel. Toute chose est alors contournée par des périphrases qui la désignent sans la nommer : « véhiculez-moi les commodités de la conversation » est un ordre qui ainsi formulé, idéalise la quotidienneté. Ce détour pour désigner un fauteuil

---

1. Du premier âge.
2. Les aïeux.
3. Les ancêtres.
4. Limousine.
5. Repose.
6. Le corps.
7. Très saint.

apparaît déplacé et inutile et se voit dénoncer comme un travers du langage par Molière dans *Les Précieuses ridicules*.

Chaque époque connaît l'usage d'un langage artificiel qui remet en cause la communication, l'information et prête à rire. C'est le langage des technocrates d'aujourd'hui, des snobs d'hier, de la « langue de bois » stéréotypée et rigide des politiciens. Le comique vient du décalage entre l'expression d'un message et son impossible décodage. Au lieu d'être admiré, le langage renvoie à l'émetteur comme un véritable portrait charge*.

Par ailleurs, moyen propre de communication, signe de reconnaissance d'un groupe social, il permet de renforcer la cohésion sociale et favorise l'identification communautaire. **D'un point de vue extérieur, les « mots de la tribu » sont perçus comme étranges et drôles.** Victor Hugo, dans *Le Dernier Jour d'un condamné* s'intéresse à l'argot des prisonniers et découvre une richesse inventive chez ceux qui « rouscaillent bigorne » et ont deux noms pour désigner la tête : la « sorbonne, quand elle médite, raisonne et conseille le crime ; la tronche quand le bourreau la coupe ». On retrouve là le goût du pittoresque et pour Victor Hugo, la fascination pour la langue « grotesque ».

À la différence de la langue orale, la langue écrite présente des contraintes formelles plus grandes.

B. Les écart par rapport aux normes de la langue écrite

Depuis l'Antiquité la langue écrite oscille entre l'adoption d'un style uniforme qui épure et normalise le langage et une libération des contraintes qui se traduit par l'utilisation de plusieurs voix, plusieurs styles, plusieurs registres. C'est ainsi que, dans le domaine romanesque, Cervantès va écrire son *Don Quichotte* en opposant deux voix : le discours noble du héros issu du roman de chevalerie et le discours vulgaire de Sancho Pança.

En introduisant la parole dans l'écriture, on crée des distances entre plusieurs langues et de ce fait, des effets comiques. En effet, la langue écrite est tributaire d'un code qui comporte des lois de syntaxe, d'orthographe et de ponctuation qui doivent assurer la clarté de la communication et la lisibilité d'un texte. À ce sérieux des règles officielles, l'écriture peut opposer sa liberté et acquérir une force subversive.

Saluant en Rabelais et en Céline des précurseurs, Queneau est un de ces auteurs qui aspirent à forger une langue littéraire proche de la langue parlée. Les transgressions ne sont plus simplement significatives d'une libération, mais sont reconnues comme une magnifique possibilité de création.

1. Le style oralisé et les différences de niveaux de langue

Le comique peut tenir à la modification des distances entre le style écrit et le style oral. Dans *Zazie dans le métro*, la langue soutenue du narrateur est contaminée par celle des personnages, plus vulgaire, comme dans l'exemple suivant : « Gabriel extirpa de sa manche une pochette de soie de couleur mauve et s'en tamponna le tarin ». Les dérapages entre ces deux niveaux créent des effets cocasses et savoureux. Quand, dans *Voyage au bout de la nuit*, Céline fait dire à Bardamu : « L'amour, c'est l'infini mis à la portée des caniches, et j'ai ma dignité, moi », l'expression orale spontanée de la conversation de café sur le thème de l'amour se trouve retenue dans un formule brillante proche de la maxime écrite. Le comique tient là encore aux alliances contre-nature et s'allie à la poétique en créant un nouveau langage.

2. Transgression des règles d'écriture

- **L'écriture phonétique** est le recours à l'écriture « fonétique » comme le revendique Queneau, donne à voir un corps nouveau de la parole écrite. « Skeutadittaleur » est à prendre en bloc. L'intonation s'écrit sans commentaire didascalique, « Môssieu ». L'absence de guillemets est bien la preuve qu'on ne distingue pas la parole comme un corps étranger à assumer par un personnage. C'est ce qui fait la différence avec la transcription phonétique de la parole de Gavroche par Victor Hugo dans *Les Misérables* : « Keksekça ? ».

- **La faute d'orthographe** peut recevoir ses lettres de noblesse et être sacralisée par l'impression écrite. Dans l'ouvrage de Perec *Quel petit vélo à guidon chromé au fond de la cour ?*, les accords approximatifs sont légion : « Il portait des chaussures marronnes ». C'est l'exemple de la faute qui s'entend tout comme la terrible conjugaison du verbe naître « Il avait né », puis « Il avait naquis ».

- **La faute de construction** est revendiquée depuis longtemps comme un art de la rhétorique, un moyen de créer la surprise et parfois de faire sourire. L'attelage*, le zeugme* et l'anacoluthe* peuvent servir l'humour et l'ironie. Quand Michelet écrit que « Les Bénédictins avaient défriché la Terre et l'esprit des Barbares », quand Pascal fait observer que « le nez de Cléopâtre, s'il eût été plus court, la face du monde aurait été changée », l'histoire sort de son cours et la faute comme un petit scandale de l'écriture nous invite à penser.

Les fautes choisies, précieusement recueillies et utilisées, ne sont jamais systématiques, et constituent des surprises de lecture qui ont un effet comique, semblable à la découverte des « perles », qui, elles, ne sont pas volontaires.

3. Les perles

La perle est un lapsus, une faute imputable à l'ignorance ou à l'expression d'un refoulé. L'auteur de la perle est sanctionné par le rire car contrairement à l'écrivain, il ne sait pas ce qu'il dit et n'utilise pas la faute comme une trouvaille. La quotidienneté recèle de **ces trésors qui font d'autant plus rire qu'ils font apparaître les dysfonctionnements de la transmission du savoir ou de la communication.** Des ouvrages entiers sont consacrés à la collection de ces perles, particulièrement abondantes dans les milieux scolaires et les courriers administratifs. Telle mère d'élève ne parvenant pas à faire entendre sa demande auprès de l'administration d'un lycée menace d'envoyer son courrier par la « voie rectale » !

Zazie dans le métro (1958)
Raymond Queneau

Zazie est une sale gosse que sa mère envoie pour deux jours à Paris chez son tonton Gabriel, un danseur travesti avec lequel apparemment l'adolescente ne court aucun risque. Le métro est en grève. Malgré des thèmes un peu scabreux, l'écriture pleine d'inventions et de fantaisie en fait un roman original, plaisant et joyeux. Voici le début de ce roman, avec une entrée fracassante sous forme de discours immédiat.

Doukipudonktan, se demanda Gabriel excédé. Pas possible, ils se nettoient jamais. Dans le journal, on dit qu'il y a pas onze pour cent des appartements à Paris qui ont des salles de bains, ça m'étonne pas, mais on peut se laver sans. Tous ceux-là qui m'entourent, ils doivent pas faire de grands efforts. D'un autre côté, c'est tout de même pas un choix parmi les plus crasseux de Paris. Y a pas de raison. C'est le hasard qui les a réunis. On peut pas supposer que les gens qu'attendent à la gare d'Austerlitz sentent plus mauvais que ceux qu'attendent à la gare de Lyon. Non vraiment, y a pas de raison. Tout de même quelle odeur.
Gabriel extirpa de sa manche une pochette de soie couleur mauve et s'en tamponna le tarin.

— Qu'est-ce qui pue comme ça ? dit une bonne femme à haute voix.
Elle pensait pas à elle en disant ça, elle était pas égoïste. elle voulait parler du parfum qui émanait de ce meussieu.
— Ça, ptite mère, répondit Gabriel qui avait de la vitesse dans la repartie. c'est Barbouze, un parfum de chez Fior.
— Ça devrait pas être permis d'empester le monde comme ça, continua la rombière sûre de son bon droit.
— Si je comprends bien, ptite mère, tu crois que ton parfum naturel fait la pige à celui des rosiers. Eh bien, tu te trompes, ptite mère, tu te trompes.
— T'entends ça ? dit la bonne femme à un ptit type à côté d'elle, probablement celui qu'avait le droit de la grimper légalement. T'entends comme il me manque de respect, ce gros cochon ?
Le ptit type examina le gabarit de Gabriel et se dit c'est un malabar, mais les malabars c'est toujours bon, ça profite jamais de leur force, ça serait lâche de leur part. Tout faraud, il cria :
— Tu pues, eh gorille.
Gabriel soupira. Encore faire appel à la violence. Ça le dégoûtait cette contrainte. Depuis l'hominisation première, ça n'avait jamais arrêté. Mais enfin fallait ce qu'il fallait. C'était pas de sa faute à lui, Gabriel, si c'était toujours les faibles qui emmerdaient le monde. Il allait tout de même laisser une chance au moucheron.

▶ Relevez toutes les infractions à la langue écrite.
▶ Observez les différences de niveaux de langue : en quoi sont-elles comiques ?

Les écarts par rapport aux règles de la langue écrite permettent à la littérature une liberté créatrice, soumise aux lois de la désobéissance.

Au XXe siècle, un mouvement comme l'OuLiPo (Ouvroir de Littérature Potentielle), choisit la contrainte formelle comme sujet d'inspiration. De nouvelles lois de l'écriture sont inventées, elles sont des préalables à toute création littéraire. Il ne s'agit plus de transgresser des normes du langage et d'être impertinent mais de se soumettre et de se conformer aux lois les plus farfelues qu'on se donne, comme écrire un roman en français sans employer la lettre « e », voyelle la plus courante. Perec relève le défi avec *La Disparition*. Pour la description des personnages, il en vient à utiliser des périphrases, des appositions qui produisent des effets cocasses et saugrenus : « Il fut bon pour l'oto-rhino, un gars jovial, au poil ras, aux longs favoris roux, portant lorgnons, papillon gris à pois blancs, fumant un cigarillo qui puait l'alcool ». L'absence de la voyelle « e » contraint Perec à des acrobaties verbales comiques ; mais elle lui permet aussi d'exprimer un manque essentiel.

C. Les inventions de nouvelles normes

Au XXe siècle, l'étude des phénomènes de la communication et du langage devient la source d'inspiration d'un certain nombre d'œuvres poétiques et théâtrales. Un écrivain comme Tardieu explore toutes les ressources de la communication pour en révéler la complexité. Dans une courte pièce de théâtre intitulé *Un mot pour un autre*, le spectateur est averti dans un préambule qu'une curieuse épidémie s'est abattue sur la ville ; les individus emploient les mots les uns pour les autres sans en être affectés. Seul le vocabulaire est atteint, les constructions des phrases, la conjugaison des verbes restent intactes. Cette pièce se veut démonstrative ; Tardieu explique : « Dans le commerce des hommes, bien souvent les mouvements du corps, les intonations de la voix et l'expression du visage en disent plus long que les paroles ».

Le jeu de l'écriture consiste à dissocier le signifiant — la sonorité du mot — de son signifié — son sens. Quand Madame propose une boisson à son amie, Madame de Perleminouze lui répond « avec grand soleil » et tout le monde comprend dans la situation qu'elle accepte « avec plaisir ». Le comique tient ici dans le décalage de la communication théâtrale avec des didascalies qui définissent parfaitement les situations en langage clair et le dérèglement du vocabulaire. Dans une représentation théâtrale, ce sont les acteurs et leur talent qui doivent faire comprendre de quoi il s'agit par les gestes et les intonations, toujours surlignés.

Un mot pour un autre (1955)
Tardieu

Cet extrait de la pièce correspond au « nœud dramatique » caractéristique d'une scène conventionnelle de théâtre de boulevard : l'amant entre sans frapper chez sa maîtresse et y trouve sa femme. Le lecteur-spectateur découvre en même temps que Madame de Perleminouze, que le Comte si attendu parce qu'il doit de l'argent n'est autre que Monsieur de Perleminouze, l'amant de Madame.

MADAME DE PERLEMINOUZE, s'arrêtant de chanter. — *Fiel !... Mon zébu !...* (Avec sévérité :) *Adalgonse, quoi, quoi, vous ici ? Comment êtes-vous bardé ?*
MONSIEUR DE PERLEMINOUZE, désignant la porte. — *Mais par la douille !*
MADAME DE PERLEMINOUZE. — *Et vous bardez souvent ici ?*
MONSIEUR DE PERLEMINOUZE, embarrassé. — *Mais non, mon amie, ma palme..., mon bizon. Je... j'espérais vous raviner..., c'est pourquoi je suis bardé ! Je...*
MADAME DE PERLEMINOUZE. — *Il suffit ! Je grippe tout ! C'était donc vous, le mystérieux sifflet dont elle était la mitaine et la sarcelle ! Vous, oui, vous qui veniez faire ici le mascaret, le beau boudin noir, le joli-pied, pendant que moi, moi, eh bien je me ravaudais les palourdes à babiller mes pauvres tourteaux...* (Les larmes dans la voix :) *Allez !... Vous n'êtes qu'un...*

Tardieu, « Un mot pour un autre » in *La comédie du language*,
© Éditions Gallimard.

> ▶ Comment le décalage entre le signifiant et le signifié produit-il un effet comique sans troubler la communication ?
> ▶ En quoi le véritable sujet de la pièce est-il le langage ?

D. Les jeux de langage

Il est possible de jouer avec les mots en dissociant les sonorités des signifiés ou les signifiants des signifiés, ou de prendre les lettres d'un mot et d'en fabriquer un autre. **Le langage prend alors une fonction poétique et ludique ; le mot est pris comme un objet que l'on peut manipuler pour le plaisir.**

1. Le jeu sur la graphie

Elle consiste à former un mot avec les lettres d'un premier mot (exemple : aimer – Marie). L'anagramme* permet de tisser du sens entre similitudes et variations. C'est par ce même procédé que l'on peut se fabriquer un pseudonyme : ainsi Boris Vian devient Bison Ravi, ou François Rabelais Alcofribas Nasier. À partir du même matériau alphabétique, on peut se créer une autre identité.

Il s'agit aussi dans l'acrostiche* de reconstruire des mots à partir de lettres appartenant à d'autres mots et d'introduire une lecture verticale. Le message peut passer inaperçu et tout le plaisir est de le découvrir là où on l'attend le moins. Par exemple, Corneille, écrivain classique respectueux des bienséances, parvient à glisser un commentaire inconvenant sur un héros terriblement convenable, comme Horace.

> *S'attacher au combat contre un autre soi-même,*
> *Attaquer un parti qui prend pour défenseur,*
> *Le frère d'une femme et l'amant d'une sœur,*
> *Et, rompant tous ces nœuds, s'armer pour la patrie*
> *Contre un sang qu'on voudrait racheter de sa vie,*
> *Une telle vertu n'appartenait qu'à nous,*
> *L'éclat de son grand nom lui fait peu de jaloux.*

Nous sommes ici proches d'un jeu de rhétoriqueur, qui prend plaisir à écrire des textes déchiffrables à l'endroit et à l'envers.

C'est le cas du palindrome* : « Elle diffama ma fidelle » (orthographe de l'époque).

Le plaisir du cruciverbiste est de découvrir un mot à partir d'indices comme le nombre de lettres et une définition qui n'est jamais littérale. Il faut trouver, par exemple, en dix lettres le mot qui correspond à la définition : « Activité assommante ». Et c'est le matraquage !

Les définitions peuvent jouer sur les mots, c'est-à-dire tenir compte du décalage entre la ressemblance phonétique et la différence sémantique des mots. C'est le cas de la célèbre définition d'entracte : « Vide les baignoires[1] et remplit les lavabos ».

2. Le jeu sur les sonorités

L'équivocité phonétique peut être comique quand on entend un autre propos qui double le premier. Ce phénomène peut être involontaire, comme dans l'alexandrin de Corneille, tiré de *Polyeucte* : « Plus le désir s'accroît, plus l'effet se recule » (I,1). Cette équivocité est contrôlée dans le calembour, défini par Victor Hugo comme « une fiente[2] de l'esprit qui vole » (*Les Misérables*). Il joue sur l'homophonie et l'écart entre le son et la transcription des signifiés. Par exemple à la question : Quelle est la différence entre Paris, un ours blanc et Virginie ? Il convient de répondre : aucune. Car Paris est métropole, un ours est maître au pôle, et Virginie aimait trop Paul[3]. Le calembour peut aussi prendre la forme de proverbes approximatifs, tels que les affectionnait Balzac : « Il ne faut jamais courir deux lèvres à la fois » ou bien « On a vu des rois épousseter des bergères ». L'écart comique peut être introduit par l'absurdité d'une définition qui s'appuie poétiquement mais illégalement sur l'étymologie fantaisiste. Par exemple : « La

---

1. Au théâtre, on appelle ainsi une loge.
2. Excrément d'oiseaux.
3. *Paul et Virginie* est un roman d'amour de Bernardin de Saint-Pierre.

panique : n.f. arbre à pain, ex. : les Mexicains sèment la panique ».

Les holorimes* consistent à faire rimer mot à mot deux vers. On est donc proche du jeu de mots. Ainsi, Victor Hugo propose :

Gall, amant de la Reine, alla, tour magnanime,
Galamment de l'arène, de la tour Magne à Nîmes.

La contrepèterie permet, par des échanges syllabiques, de construire un autre énoncé, plus ou moins grivois. L'exemple classique est celui de Rabelais dans *Pantagruel* (chap. 17) : « Femme folle à la messe, femme molle à la fesse ».

Tous ces jeux de langage font saisir combien la frontière est ténue entre le poétique et le comique.

Glossaire

Accumulation : énumération de termes qui vise à une amplification.

Acrostiche : énoncé caché, que l'on découvre en ne suivant pas la lecture linéaire.

Amplification : figure qui vise à développer ou à grandir l'expression.

Anagramme : mot obtenu par transposition des lettres d'un autre mot.

Anacoluthe : rupture de construction syntaxique.

Antiphrase : figure par laquelle une expression laisse entendre l'inverse de ce qu'elle dit.

Attelage ou Zeugme : figure de syntaxe qui consiste à réunir plusieurs membres de phrase au moyen d'un élément commun. Son effet est souvent comique à cause du système de discordance sur lequel il est fondé.

Badinage : conversation légère et humoristique.

Baroque : mouvement littéraire qui se développe à partir du début du XVIIe siècle, et qui s'écarte des principes du classicisme. Il se caractérise par l'exubérance des formes et le refus des contraintes.

Bienséance : notion empruntée à l'*Art Poétique* d'Horace, qui impose une exigence de convenance morale, qui vise à ne pas choquer le public.

Blason : court poème qui fait l'éloge d'une personne, d'une partie du corps.

Burlesque : voir chap. II.B.

Calembour : jeu de mots, qui s'appuie avant tout sur les sonorités.

Caricature : voir chap. I.C.

Comédie : commedia dell'arte, comédie classique, comédie larmoyante. Voir chap. I.A.

Dialectique : mouvement de la pensée qui fonctionne sur l'articulation de deux points de vue distincts. La conclusion qui en est tirée permet de synthétiser et de dépasser les deux points de vue en question.

Didactique : qui a pour objet d'instruire.

Dogmatisme : attitude consistant à adopter et à promouvoir des idées sans les examiner ou les discuter.

Doxa : opinion publique reconnue.

Encomiastique : l'art de l'éloge.

Épigramme : poème court à visée satirique se terminant souvent par une pointe.

Épître : lettre en vers adressée à une personne de haut rang en vue d'obtenir quelque faveur.

Épopée : long poème narratif racontant les actions héroïques d'un homme ou d'un peuple.

Esthétique : relatif au beau.

Farce : voir chap. I.A.

Figures de rhétorique : procédés de style destinés à produire un effet sur le lecteur ou l'auditeur (métaphore, comparaison...).

Héroï-comique : voir chap. II.B.

Holorime : rimes mot à mot d'un distique (strophe de deux vers).

Honnête homme : figure qui incarne un idéal de comportement à l'époque classique. L'honnête homme sait garder la juste mesure et s'adapter à son auditoire.

Humour, humour noir : voir chap. III.B.

Hyperbole : formulation exagérée visant à l'amplification.

Illusion référentielle : art de faire croire à la réalité de la fiction.

Incipit : début d'œuvres.

Invectives : épithètes injurieuses.

Ironie : voir chap. III.A.

Lazzi : jeux de scène bouffons de la Commedia dell'arte.

Lyrisme : expression vibrante du sentiment dans un cadre poétique.

Mélodramatique : qui relève du drame populaire où les effets pathétiques sont exagérés et accentués.

Palindrome : mot, vers ou phrase que l'on peut lire à l'endroit ou à l'envers. Exemple : radar.

Pamphlet : écrit souvent bref, violemment polémique, qui s'appuie toujours sur un fait d'actualité.

Paradoxe : opinion qui heurte le sens commun, les idées communément admises.

Parodie : voir chap. II.A.

Paronomase : Reprise approximative de sonorités proches.

Pastiche : voir chap. II.B.

Portrait charge : portrait outrancier qui vise à ridiculiser une personne.

Romans épistolaires : romans composés de lettres que les personnages s'adressent.

Romans précieux : romans fort longs qui se fondent sur l'esthétique précieuse, soucieuse de raffinement, de galanterie.

Satire : voir chap. I.B.

Sémantique : relatif au sens.

Signifiant : éléments graphiques et sonores constituant la matérialité d'un mot.

Signifié : sens du mot.

Sophisme : raisonnement faux, fait de mauvaise foi.

Syllogisme : argument composé de trois propositions dont la troisième dite conclusion résulte des deux autres appelées prémisses.

Type : représentant par excellence d'une catégorie.

Index des auteurs

Allen Woody (1933) 91
Aristophane (vers 445-vers 386 av. J.-C.) 9, 10
Aristote (364-322 av. J.-C.) 53

Balzac Honoré (de) (1799-1850) 47, 48, 91
Baudelaire Charles (1821-1867) 7, 44
Beaumarchais Caron (de) (1732-1799) 38, 40
Beckett Samuel (1906-1987) 13, 92
Bergson Henri (1859-1941) 3, 7
Blanche Francis (1919-1974) 93
Boileau Nicolas 28, 29, 30, 70, 71

Cami Pierre (1884-1958) 68
Céline Louis-Ferdinand (1894-1961) 109
Cervantès (1547-1616) 62, 64, 108
Cohen Albert (1895-1981) 36, 50
Corneille Pierre (1606-1684) 15, 17, 71, 115, 116
Courteline Georges (1858-1929) 13

Dac Pierre (1893-1975) 93
Diderot Denis (1713-1784) 94
Du Bellay Joachim (1522-1560) 28, 33
Dumarsais César Chesneau (1676-1756) 53

Érasme (vers 1469-1536) 59
Ésope (VIe siècle av. J.-C.) 34

Feydeau Georges (1862-1921) 13
Flaubert Gustave (1821-1880) 88
Fontenelle Bernard le Bovier (dit) (1657-1757) 83

Gide André (1869-1951) 97
Giraudoux Jean (1882-1944) 25
Gotlib Marcel (né en 1934) 67
Guerre des Grenouilles et des Rats (La) (VIe siècle av. J.-C.) 72

Horace (65-8 av. J.-C.) 26, 28
Hugo Victor (1802-1885) 108, 110, 116, 117

Ionesco Eugène (1912-1994) 13
Jacob Max (1876-1944) 90
Juvénal (60-140 ap. J.-C.) 27, 28

La Bruyère Jean (1645-1696) 45
La Fontaine Jean (de) (1621-1695) 34, 56, 75
Lautréamont (1846-1870) 94
Lucilius (180-102 av. J.-C.) 26

Marivaux (1688-1763) 13, 21, 22, 71
Marot Clément (1496-1544) 58, 95
Molière (1622-1673) 13, 15, 16, 19, 21, 37, 40, 42, 61, 81, 104, 105, 108
Montesquieu (1689-1755) 30, 31, 82, 84, 85
Muller Charles (1877-1914) 56
Musset Alfred (de) (1810-1857) 24, 86

Offenbach Jacques (1819-1880) 71

Perec Georges (1936-1982) 79, 110, 113
Perrault Charles (1628-1703) 68, 70, 72
Phèdre (15-50 av. J.-C.) 34

Prévert Jacques (1900-1977) 98
Proust Marcel (1871-1922) 48, 56, 66

Queneau Raymond (1903-1976) 104, 107, 110, 111
Quintilien (30-98 ap. J.-C.) 26

Rabelais François (1494-1553) 6, 38, 40, 60, 62, 72, 90, 94, 107, 109, 115
Racine (1639-1699) 67, 70, 71
Reboux Paul (1877-1963) 56
Régnier Mathurin (1573-1613) 28
Romains Jules (1885-1972) 43

Roman de Renart (Le) (XIIIe siècle) 27, 72
Rousseau Jean-Jacques (1712-1778) 76, 77

Scarron Paul (1610-1660) 68, 74
Swift Jonathan (1667-1745) 91, 92

Tardieu Jean (1903-1995) 113, 114

Verlaine Paul (1844-1896) 37
Virgile (70-19 av. J.-C.) 75
Voltaire (1694-1778) 6, 64, 81, 101

Index des extraits d'œuvres citées

Bouvard et Pécuchet, Flaubert, (1880) 88
Candide, Voltaire (1759) 64
Dom Juan, Molière (1665) 40
Don Quichotte de la Manche, Cervantès (1605-1615) 62
Du côté de chez Swann, Proust (1913) 37, 49
Électre, Giraudoux (1938) 25
Épigrammes, Marot (1535) 58
Épîtres, « Au roi pour avoir été dérobé » (XXV), Marot (1532) 95
Exercices de style, Queneau (1947) 104
Fables, « Les deux coqs », La Fontaine (1678) 75
Fables, « Les Obsèques de la Lionne », La Fontaine (1693) 34
Farce de Maître Pathelin (XVe siècle) 11
Gargantua, Rabelais (1532) 6, 73
Histoire des oracles, Fontenelle (1687) 83
L'Encyclopédie, « Article Rire », Voltaire, (1772) 6
L'Esprit des lois, Montesquieu (1748) 84
L'Illusion comique, Corneille (1636) 17
La Double Inconstance, Marivaux (1723) 22
Le Chapelain décoiffé, Boileau, Racine (1664) 71
Le Mariage de Figaro, Baumarchais 38
Le Misanthrope, Molière (1666) 19

Le Rire, Bergson 7
Le Tiers livre, « L'éloge des dettes », Rabelais (1546) 60
Les Caprices de Marianne, Musset (1833) 86
Les Caractères, « De l'homme », La Bruyère (1688) 45
Les Caves du Vatican, Gide (1914) 97
Les Confessions, Rousseau (1678) 77
Les Femmes savantes, Molière (1672) 105
Les Illusions perdues, Balzac (1844) 47
Les Nuées, Aristophane 10
Les Regrets, « Sonnet LXXXVI », Du Bellay (1558) 33
Lettres persanes, Montesquieu (1721) 31
On ne badine pas avec l'amour, Musset (1834) 24
Paroles, Prévert (1945) 98
Premier Placet au roi, Molière (1664) 16
Salon de 1846, « De l'essence du rire », Baudelaire 7
Satire VI, Boileau (1660) 29
Sodome et Gomorrhe, Proust (1922) 66
Un mot pour un autre, Tardieu (1955) 114
Virgile travesti, Scarron (1649) 68
Zazie dans le métro, Queneau (1958) 111

Table des illustrations

Honoré Daumier, *Une lecture entraînante* (1808-1879)   45
Léonard de Vinci, *Têtes grotesques*   48
De Groot et Turk, *Léonard est un génie*   51

Table des matières

Introduction → 3

Plan de l'étude → 5
Textes de références → 6

L'écart par rapport à une norme sociale → 8

A. Le comique au théâtre : farce et comédie → 8
B. Le comique dans la satire → 26
C. Le comique dans la caricature → 43

Le comique de la parodie → 52

A. Qu'est-ce que l'écriture parodique ? → 52
B. Variations autour de l'écart parodique : pastiche, parodie, burlesque, héroï-comique → 55

L'écart par rapport à un énoncé → 80

A. L'Ironie → 80
B. L'humour → 89
Conclusion : humour, ironie et vérité   100

Les écarts par rapport aux normes langagières → 103

A. Les écarts de la langue orale → 103
B. les écarts par rapport aux normes de la langue écrite → 108
C. Les inventions de nouvelles normes → 113
D. Les jeux de langage → 115

Glossaire → 119

Index des auteurs → 123

Index des œuvres → 125

Table des illustrations → 126

Dépôt légal : avril 2003